Le trésor des Heures

Pages choisies des livres d'Heures des XIVe et XVe siècles

Ce livre appartient à

. . . .

DESCLÉE DE BROUWER

Direction éditoriale : Claude Helft
Conception graphique : Jack-Michel Verger
Maquette : Mireille Cohedali et Anne-Marie Roederer
Fabrication : Yves Raffner

76 *bis* rue des Saints-Pères, 75007 Paris
www.descleedebrouwer.com

ISBN 2-220-04998-1
Loi n°49956 du 16 juillet 1949 sur les publications destinées à la jeunesse
Photogravure Labogravure, à Bordeaux
Imprimé en France par Le Govic
Dépôt légal mars 2002

Fanny Faÿ-Sallois

Le trésor des Heures

Préface de Dominique Ponnau

Desclée de Brouwer

Sommaire

Les * renvoient au *Lexique et petite histoire...*

Obsecro te domina san
mater dei pietate ple
summi regis filia mater glori
ma mater orphanorum conso
desolatorum. via errancium
in te sperancium. Virgo ante p
Virgo in partu et virgo post
ffons misericordie. fons salut
gracie. fons pietatis et letici
consolacionis et indulgencie
illam sanctam inestimabil
ticiam qua exultavit spirit
in illa hora quando tibi per
elem archangelum annun
et conceptus filius dei fuit.

Au fil des Heures

Si j'avais un conseil à donner, je conseillerais volontiers qu'on entre dans ce livre comme j'y suis entré : en l'ouvrant comme on ouvre une porte ; une porte qui donne sur un jardin ; sur un jardin enchanté. À la vérité, un jardin, un vrai jardin, est toujours un jardin enchanté. Car le jardin par excellence, c'est le paradis, vous savez. Le premier paradis et aussi le dernier. Le paradis des tout premiers débuts du temps et celui de l'accomplissement, quand nous vivrons, Dieu sait comment, libres de tout, libres du temps. Mais pour l'heure, nous vivons à l'heure de l'entretemps. À l'heure du rythme des heures, chaque jour, jusqu'au jour où sonnera pour nous la dernière heure. Entre le premier et l'ultime jardin du temps, le jardin de l'entretemps a inventé ses repères, toujours où on les attend, mais ici toujours surprenants, si bien que l'on n'y craint ni le vertige ni l'ennui, puisque ce qu'on y attend c'est l'inattendu, justement.

Imaginez que vous viviez à l'heure des Dames du Temps Jadis, à l'heure de leurs seigneurs aussi : c'est la même, et c'est l'heure du jardin des Heures que voici. Il vous faut déjà faire un saut de votre temps vers ce temps. C'est fait. Vous y êtes. Vous y risquez vos premiers pas timidement : vous remontez de si longtemps ! Et puis vous y voilà chez vous : vous vous y promenez tout à votre aise. Vous allez, vous venez, vous vous arrêtez, vous prenez le frais sur un banc, vous reprenez la promenade, vous allez, sans surprise, de surprise en surprise, vous vous amusez à reconnaître les fleurs, les pampres, les enfants, les anges, les géants, les bêtes pas si féroces, les monstres à califourchon, les écussons, les oiseaux, pélicans, cygnes, chardonnerets, hirondelles, paons, canards, geais, rossignols, même des renards gentils – gentils ? à deux fois regardons-y ! –, en tout cas patelins, entre coquelicots et clochettes, les lapins, les singes, les grues, les hérons, les bleuets, les iris, les roses, les passeroses, et les lys bien entendu, et bien sûr les marguerites, ouvertes, grandes ouvertes, ou fermées pour s'endormir à la vêprée, les feuilles bleues, bleues comme l'Oiseau bleu, rouges, oranges, vertes ; et les escargots !... Sans compter toutes les espèces végétales, animales, impossibles à dénommer, impossibles à dénombrer : l'enclos de ce jardin est une folle fête d'ornements très ordonnés, très rythmés, où vous reconnaissez, de loin en loin, le jeu des Sept Familles du jardin. Et ces familles ont des noms ; bien sûr des noms de famille ! mais des noms de villes aussi ; des noms de pays. Voyez. Voici Étienne Chevalier, Louis de Laval, Boucicaut le Maréchal, Isabeau, Marguerite, Jean et Jeanne, Bavière, Navarre, Orléans, ducs et duchesses de Rohan, Rome, Troyes, Chartres, Paris, le Maître de Coëtivy et Jehan duc de Berry... L'usage des Heures est selon ; selon le temps, selon l'heure, selon les gens, selon l'usage d'ici, l'usage d'ailleurs aussi. Tous leurs enclos de bocages, de bestiaires, de ramages, vous donnent leurs clefs, mes amis, les clefs du sol, du fa, du la de leurs images. Et dans ces images à musiques, entrons, et silencieusement, religieusement, joyeusement, très simplement, chantons.

Très simplement ? Ce n'est pas si facile ! Les Heures, avec tous leurs atours d'animaux et de fleurs, leurs robes d'images et de paysages, sont d'abord des Heures à déchiffrer, à lire, à prier. Parmi vous, mes enfants, et parmi vos parents, combien savent goûter, savourer, dans le petit pot de miel, aussi suave qu'amer, le feu du Buisson ardent, autant que lui consumant, nourrissant, l'insupportable et vivante Parole, Parole de Dieu, Glaive à deux tranchants ? Ces images, ces paysages chantants ne sont pas des leurres, pourtant. Ils vous sont offerts « en leur verte jouvence », « en leur première nouveauté », mais si loin que vous y cheminiez en votre fraîche promenade, c'est en vue de ce qui vous est caché, car c'est en vue de prier. Si vous saviez comme elles sont belles ces prières mystérieuses qui, dans l'image, dans le paysage, sont dessinées. Même si vous ne comprenez pas, écoutez ! « *Deus, in adjutorium meum, intende ! Domine, ad adjuvandum me festina !* » « Dieu, viens à mon aide ! Seigneur, au secours, hâte-toi ! » Ou encore, écoutez ce que prie la dame verte agenouillée sur l'image que ces lignes-ci accompagnent : « *Obsecro te, Domina Sancta Maria, Mater Dei, pietate plenissima, Summi Regis Filia, Mater gloriosissima, Mater orphanorum, Consolatio desolatorum...* » « Je t'en conjure, Sainte Dame Marie, Mère de Dieu, de piété tout emplie, du Roi souverain la Fille, et sa très glorieuse Mère aussi, Mère des orphelins, Consolatrice des inconsolés... » Et tout ainsi. Et tout ainsi en beau grimoire gothique, le plus souvent en latin de musique, et parfois en français antique... Tout ainsi, mes enfants, chante de page en page, d'image en image, de paysage en paysage, le cœur de cette dame-ci.

Tout ainsi, j'espère, chantera votre cœur aussi. La Parole, la vivifiante Parole, il me semble, plutôt que de La comprendre, infiniment mieux vaut L'entendre, et, dans le silence imagé, L'écouter. Son mystère, vous savez, nul ne l'a jamais épuisé. Je dirais même volontiers que plus on le puise, moins on l'épuise, plus on le respire, plus on y aspire.

Aussi, vous promenant au rythme des images, des paysages, il vous faut joyeusement accepter que les bosquets de la Parole vous demeurent des façons de labyrinthes pour la recherche du trésor caché ou de la princesse endormie, trésor qui déjà brille en votre cœur, princesse en votre cœur déjà très éveillée : c'est elle qui au jardin, pour vous conduire à elle, vous prend par la main !

Mais, comme il vous faut vous contenter, vous sustenter de mets plus sensibles, jeunes gourmets de tous les âges, regardez les images, paysages, de ces âges. Regardez les calendriers, les saisons qui, chacune à chaque saison, chaque année reviennent, regardez les quatre inspirés qui ont pour vous raconté la Bonne Nouvelle, regardez, dans l'ordre que vous voudrez, l'histoire mystique de la Vierge, toujours en regard de l'histoire de Jésus, son Premier-Né, regardez la Passion de ce Fils, qu'on appelle Fils de la Vierge, Fils de Dieu, Fils de l'Homme aussi, et par là, qui que vous soyez, votre propre fils, votre fils à vous qui, aujourd'hui, le contemplez, ayant remonté, de votre temps présent, heure par heure, jusqu'au temps de ces petites et grandes Heures, quand François Villon nous disait : « Frères humains qui après nous vivez/N'ayez les cœurs contre nous endurcis/Car si pitié de nous pauvres avez/Dieu en aura plus tôt de vous merci. »

François n'était pas moins que nous, mais non plus davantage, contemporain des Heures de Dieu, de la Vierge et des saints. Chaque jour de sa vie, pour lui, de la nuit à la nuit, s'égrenaient Matines, Laudes, Prime, Tierce, Sexte, None, Vêpres, Complies, toujours recommencées, toujours nouvelles, selon les rythmes de l'année, selon les battements, réguliers, autant qu'irréguliers, de son cœur, jusqu'à l'heure où plus ne battit ce cœur. Eh bien, enfants, nous aussi, à la même heure que lui, promenons-nous dans le beau jardin, dans le beau livre des Heures, qu'a si délicatement cueillies la savante et gentille dame qui nous les offre aujourd'hui en un bouquet choisi de fleurs et de simples, pour nous faire plaisir et, qui sait, pour nous guérir...

Dominique Ponnau

Page 10 : Jeune femme en prière,
Heures à l'usage de Poitiers, v. 1455-1460

Avril

Le joli temps de Pâques,
À la fraîche verdure,
Nous offre feuille et fleur
De diverses couleurs,
Aussi tous amoureux
Sont-ils gais et chanteurs

Bernard de Ventadour

Au jardin des Heures, commençons notre promenade en compagnie de ces deux beaux jeunes gens de noble et riche famille. Nous sommes à la page du mois d'avril, car, avant les prières, les livres d'Heures* illustrent le calendrier.

Dans un paysage idyllique, sous de grands arbres fleurissent les buissons. Sur une eau calme qui se perd dans le bleu des montagnes, seules quelques barques animent ce jardin d'Éden.

Le galant damoiseau conte fleurette à la douce et élégante jouvencelle que l'on sent à la fois attentive et prudente.

Le peintre, qui reste inconnu, encadre cette délicate image de printemps dans une étrange architecture de colonnes animées de deux gros *putti*, ces angelots sans ailes, joufflus et dorés.

Heures à l'usage de Rome, v. 1500

Juillet

Été revêt champs, bois et fleurs
De sa livrée de verdure
Et de maintes autres couleurs,
Par l'ordonnance de Nature.

Charles d'Orléans

À droite des jours du calendrier, deux paysans s'affairent à la moisson. L'un manie la faucille. L'autre, accroupi, lie une gerbe de blés mûrs. Un château domine la scène et, dans le lointain, une haute muraille entoure mystérieusement la montagne.
Commme un écho à cette classique illustration des travaux des champs, sous le calendrier, un paysan, pieds nus, lève sa houe. À quelques pas, sa femme file sa quenouille en veillant sur ses enfants. L'aîné tourne le dos à son père tandis que le nouveau-né, les yeux grands ouverts, repose dans son berceau.
En réalité, la légende nous apprend que l'artiste a peint Adam et Ève condamnés au travail après avoir été chassés du paradis, et leurs deux fils, Caïn et Abel. Le livre d'Heures de Louis de Laval* mêle ainsi régulièrement les images de la vie quotidienne et les scènes bibliques.
Les armoiries de Louis de Laval ornent le troisième cadre comme sur chacun des douze feuillets du calendrier de son livre d'Heures.
Dans les marges, peut-être pour répondre à la lutte mortelle que se livreront les deux frères, de drôles d'angelots roses à ailes noires et des diables noirs à ailes roses s'ébattent parmi les fleurs.

Heures de Louis de Laval, v. 1480

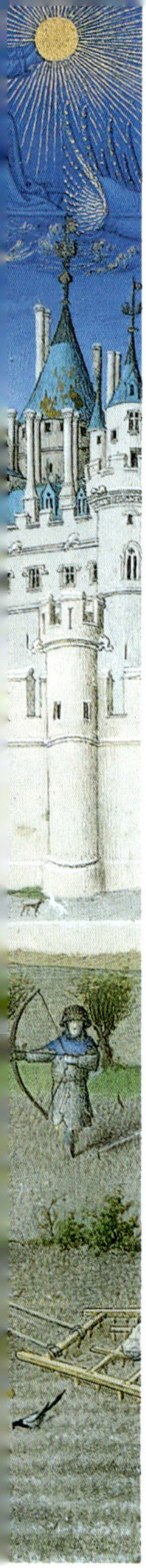

Octobre

On parle de grande seigneurie,
D'avoir donjons, palais puissants ;
Est-il joie plus douce
Que de regarder ces beaux champs ?

Arnoul Greban

Rive gauche, au cœur du Paris d'aujourd'hui, les champs vont jusqu'au fleuve bordé d'une rangée de saules ébouriffés. Drôlement drapé de blanc, un bien beau cheval tire une herse que leste une lourde pierre. Un cavalier rustique le guide des rênes et le menace du fouet. Derrière eux, un paysan sème à la volée les grains que les corbeaux et les pies se disputent aussitôt.

Au second plan, un archer épouvantail et un réseau de fils tendus sur des piquets protègent une parcelle déjà ensemencée de la voracité des oiseaux.

Rive droite, de l'autre côté de la Seine, se dressent les tours et le gros donjon du somptueux château de Charles V, le frère du commanditaire*. Seule, une petite porte, ouverte dans la muraille, donne sur le quai. On y cause entre amis. On y promène les chiens. On y travaille aussi : deux lavandières, les pieds dans l'eau, battent le linge sur la dernière marche d'un escalier.

Le calendrier du mois, les signes du zodiaque (balance et scorpion) et un étonnant char du soleil couronnent cette miniature dont l'auteur, à l'inverse de la plupart de celles qui composent *Les Très Riches Heures du duc de Berry**, reste anonyme malgré tout son talent.

Très Riches Heures du duc de Berry, v. 1440

Décembre

Les eaux baissèrent au bout de cent cinquante jours et, au septième mois, au dix-septième jour du mois, l'arche s'arrêta sur les monts d'Ararat.

Genèse 8, 3-4

Une étonnante construction surmonte la lourde coque de l'arche, lestée des animaux de la création. Sous un toit qui ressemble à celui d'une chapelle, une volière retient des oiseaux multicolores.

Les eaux du déluge ont baissé. Noé, sa femme, leurs trois fils, Sem, Cham, Japhet et leurs épouses, découvrent avec soulagement le sommet des montagnes qui émerge des flots.

Noé montre du doigt le corbeau qu'il vient de lâcher en éclaireur pour s'assurer que les eaux se sont bien complètement retirées. Mais la légende, sous l'image, nous l'apprend, trop occupé à se repaître de charogne, l'oiseau ne reviendra pas.

La scène biblique est enchâssée dans un décor précieux qui répond à celui de l'arche, tout en bois finement sculpté. Elle est très originale parmi les calendriers des livres d'Heures qui réservent en général au mois de décembre une illustration de l'abattage du cochon, activité de la saison.

Heures de Louis de Laval, v. 1480

Jean l'évangéliste

Je vous donne un commandement
nouveau : vous aimer les uns les autres ;
comme je vous ai aimés, aimez-vous
les uns les autres.
À ceci tous reconnaîtront
que vous êtes mes disciples : si vous avez
de l'amour les uns pour les autres.

Évangile selon Jean 13, 34-35

Après les douze mois du calendrier, les livres d'Heures offrent souvent pour illustrer les *Fragments des Évangiles* les portraits de Matthieu, Marc, Luc et Jean. Leurs récits de la vie et de l'enseignement de Jésus forment dans la Bible le Nouveau Testament. Jean est le disciple bien-aimé de Jésus. Celui que le Christ en croix choisit pour veiller sur Marie.
Seule l'inscription sur le parchemin, au centre de cette image éblouissante de dorure, permet de l'identifier. Confortablement installé devant son pupitre dans une stalle de bois sculptée et ajourée, le jeune apôtre suspend une minute la rédaction de son évangile. Il gonfle ses joues imberbes et souffle sur sa plume. Est-ce pour en sécher l'encre ou pour lui donner l'inspiration ?

Livre d'Heures et missel franciscain, v. 1380

Luc l'évangéliste

Mère du Christ
Mère de la divine Grâce
Mère très pure
Mère très chaste
Mère sans tache
Mère aimable...

Litanies de la Vierge

Luc peint une icône de la Vierge. Elle lui apparaît comme dans un rêve tout de bleu vêtue, les yeux baissés et les mains jointes.
Luc est drapé dans une longue robe écarlate et coiffé d'une toque sombre. Il travaille avec application, indifférent au vaste paysage sur lequel tombe une nuit d'un bleu intense. Il applique les couleurs sans même lever les yeux sur la Vierge. La double inscription latine au bas de la miniature précise qu'il s'agit de la Vierge de l'Annonciation.
Le petit tableau, déjà bien avancé, est posé sur un chevalet dont la blancheur immaculée, symbole de la Vierge, éclate au centre de l'image.
Jean Colombe*, le peintre, inscrit l'atelier de Luc dans un riche encadrement d'architecture gothique qui souligne, par contraste, la simplicité de la pièce.

Heures de Louis de Laval, v. 1480

Matthieu l'évangéliste

« Et quand vous priez, ne soyez pas comme des hypocrites : ils aiment, pour faire leurs prières, à se camper dans les synagogues et les carrefours, afin qu'on les voie [...]
Pour toi quand tu pries, retire-toi dans ta chambre, ferme sur toi la porte, et prie ton Père qui est là, dans le secret ; et ton Père, qui voit dans le secret, te le rendra. »

Le Sermon sur la montagne
Évangile selon Matthieu 6, 5-6

Par la porte ouverte, les rayons du Saint-Esprit viennent éclairer le pupitre et diaprer la longue robe bleue de Matthieu.
Concentré sur sa tâche, le visage imberbe surmonté d'un haut bonnet rouge, Matthieu écrit sur la page de droite en tenant son grattoir de la main gauche.
Une constellation se dessine sous le plafond sombre. Un charmant petit ange en aube blanche veille sur l'évangéliste et lui tend un lourd encrier noir. En contrepoint, fleurs, fruits et papillons exubérants s'ébattent dans les marges. Un paon ouvre une roue somptueuse. Mais quel est ce bizarre animal, perché au plus haut d'une fontaine, qui tourne le dos à la scène ?

Heures de Rivoire, v. 1465-1470

Marc l'évangéliste

Enfin il se manifesta aux onze eux-mêmes pendant qu'ils étaient à table, et il leur reprocha leur incrédulité et leur obstination à ne pas ajouter foi à ceux qui l'avaient vu ressuscité. Et il leur dit : « Allez dans le monde entier, proclamez l'Évangile à toute la création. »

Évangile selon Marc 16, 14-15

Un lion ? Un canal ? Nous sommes à Venise, même si les charmantes maisons à l'arrière-plan sont tout à fait imaginaires.
Marc l'évangéliste est le saint patron de Venise depuis que les Vénitiens, en 829, ont rapporté ses reliques d'Alexandrie.
Il n'a pas connu le Christ mais il a entendu les récits de Pierre, son disciple. Il a ainsi écrit le deuxième évangile, le plus court des quatre.
Il est ici enveloppé dans un ample manteau bleu sur sa robe écarlate.
Il se détourne un instant de son pupitre. En taillant sa plume, il médite, l'air préoccupé, sur son œuvre.

Heures de Louis de Laval, v. 1480

Marguerite d'Orléans en prière devant la Madone

Seigneur, vous avez fait traverser
la mer à pied sec aux enfants d'Israël;
vous avez montré aux trois mages,
en les guidant par une étoile, le chemin
qui conduit à vous. Nous vous en prions :
donnez-nous bonne route et beau temps.
Faites qu'en compagnie de votre
saint ange, nous puissions parvenir
heureusement au lieu que nous voulons
atteindre, et à la fin au port du salut
éternel.

Bénédiction des pèlerins

Le portrait d'un commanditaire* en prière — appelé aussi donateur — ouvrira les différents cycles des Heures au fil des pages et des images. Ici c'est une donatrice, la jeune, très jeune Marguerite d'Orléans qui introduit les *Heures de la Vierge.* Elle est à genoux devant la Madone, les épaules droites, la taille cambrée, appliquée à bien joindre les mains. Elle s'adresse à l'Enfant qui lui tend les bras et entend sa prière.
Sous un baldaquin, la Vierge baisse humblement les yeux. Deux séraphins bleus déposent sur son auréole sa couronne de reine des cieux.
Dans l'encadrement, une scène aussi gracieuse que pieuse : un pèlerinage à Saint-Jacques-de-Compostelle. Seuls ou par deux, à cheval ou à pied, les pèlerins vont à travers champs et forêts sur le chemin sinueux. Parfois on s'arrête pour discuter, se reposer un instant, ou se désaltérer, avant de reprendre son bâton. Parmi les oiseaux et les fleurs, Marguerite est là, elle aussi, chevauchant seule son cheval blanc.

Les Heures de Marguerite d'Orléans, v. 1430

L' Annonciation

L'ange Gabriel fut envoyé par Dieu dans une ville de Galilée du nom de Nazareth, à une vierge, fiancée à un homme du nom de Joseph, de la maison de David ; et le nom de la vierge était Marie. Il entra et lui dit : « Réjouis-toi, comblée de grâce, le Seigneur est avec toi. » À cette parole elle fut toute troublée, et elle se demandait ce que signifiait cette salutation.

Évangile selon Luc 1, 26-29

Les *Heures de la Vierge* illustrent la belle histoire de l'enfance de Jésus. Elle commence par l'Annonciation, l'extraordinaire nouvelle que l'ange Gabriel annonce à Marie : elle aura un fils que l'on appellera « fils de Dieu ». À genoux en prière, la Vierge au grand front limpide et auréolé a interrompu sa lecture. Elle tourne la tête pour écouter et comprendre les paroles de l'ange. D'un geste de la main droite, elle signifie : « Je suis la servante du Seigneur, qu'il soit fait de moi selon ton dire. »
L'ange Gabriel est un peu en retrait, par respect. Il tient le sceptre fleurdelisé, emblème de la majesté divine, et lève l'index droit pour signaler la présence du Saint-Esprit, représenté trois fois par la colombe descendue du ciel sur un rayon d'or. Le contraste est frappant entre la sévérité de l'architecture et l'exubérance de la nature dans les bordures où chasse à courre et cour d'amour profanent l'espace.

Heures à l'usage de Paris, v. 1440-1460

La Visitation

Mon âme exalte le Seigneur,
et mon esprit tressaille de joie en Dieu
mon Sauveur, parce qu'il a jeté les yeux
sur l'abaissement de sa servante.
Oui, désormais toutes les générations
me diront bienheureuse,
car le Tout-Puissant a fait pour moi
de grandes choses.
Saint est son nom, et sa miséricorde
s'étend d'âge en âge sur ceux qui
le craignent.

Le cantique de Marie,
Évangile selon Luc 1, 46-50

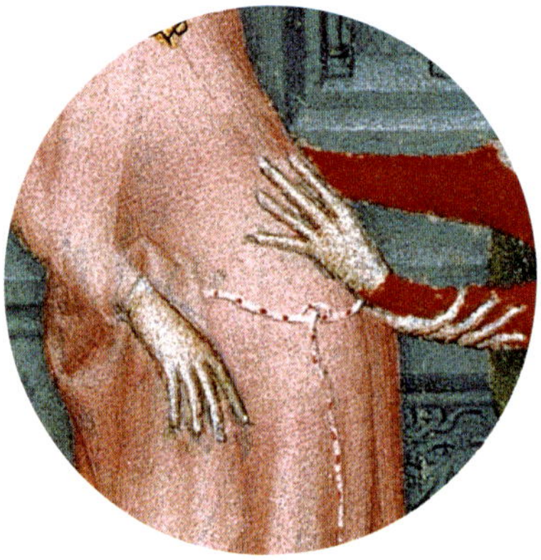

L'ange Gabriel annonce aussi à Marie que sa cousine Élisabeth, malgré son âge avancé, est enceinte d'un garçon depuis six mois. Marie lui rend bientôt visite.

Les voici toutes deux réunies. Élisabeth ploie le genou devant Marie qui la retient d'un geste délicat. La main posée sur la robe ample et le ventre arrondi de la Vierge, Élisabeth s'exclame : « Bénie es-tu entre les femmes, et béni le fruit de ton sein ! Et comment m'est-il donné que vienne à moi la mère de mon Seigneur ? Car vois-tu, dès l'instant où ta salutation a frappé mes oreilles, l'enfant a tressailli d'allégresse en mon sein ! » (Luc 1, 42-45). Marie entonne alors le splendide chant d'action de grâce qu'on appelle le Magnificat ou le cantique de Marie.

Le miniaturiste inscrit la rencontre des mères de Jésus et de Jean-Baptiste, si profonde et si grave, dans le sobre décor d'une chapelle aux ogives de pierre. Rien ne perturbe l'intensité de leur relation, pas même les oiseaux qui animent la bordure de feuillage ni le chien égaré qui fait mine d'aboyer.

Petites Heures du duc de Berry, v. 1385

La Nativité

Or, il advint, comme ils étaient là,
que les jours furent accomplis où Marie
devait enfanter. Elle enfanta son fils
premier-né, l'enveloppa de langes
et le coucha dans une crèche, parce qu'ils
manquaient de place dans la salle.

Évangile selon Luc 2, 6-7

Le divin Enfant est né ! Dans une crèche qui est un rêve de charpentier, il repose sur un lange bordé de bleu. Un riche baldaquin retombe en couvre-lit. Sans lever de son coussin vert sa tête auréolée, il bénit Marie.
Elle joint les mains devant son livre de prière, élégamment drapée dans son manteau. Joseph, habillé plus simplement dans sa robe ceinte d'un chapelet, s'approche, tel un pèlerin, gourde et bâton à la main.
L'âne et le bœuf sont bien trop loin, derrière leur mangeoire, pour réchauffer le nouveau-né mais, les oreilles dressées, l'âne, émerveillé, penche le cou vers lui.
Deux angelots encadrent le petit enfant. Les rayons de l'Esprit Saint percent le toit pour l'envelopper de lumière.

Heures du maréchal de Boucicaut, v. 1405-1408

Le bain de l'Enfant

Étoile du matin,
Ô très douce dame,
bénie soit votre bouche,
bénis soient vos bras...

Prière à la Vierge, XVe siècle

Enveloppé dans les plis de sa cape vieux rose, Joseph s'est assoupi aux pieds de la Vierge Marie. Elle repose, vêtue de bleu profond, sur une large, haute et confortable couche écarlate. Légèrement redressée, elle soutient d'une main sa tête auréolée et effleure de l'autre l'épaule de l'enfant Jésus. Celui-ci, bien droit dans son baquet de bois, la regarde intensément tandis qu'une servante au tablier blanc, à genoux, prend soin de lui.
Cette charmante scène ne figure pas dans les récits des Évangiles. Mais l'imagination et la ferveur du miniaturiste l'ont entraîné à peindre ce moment de détente du nouveau-né à l'heure du bain dans un riche décor saturé de couleurs, des murs peints au sol carrelé de céramique verte. L'image est construite autour de deux diagonales. L'une va de Joseph à la servante, l'autre suit le lit de la Vierge. Le geste de la main de Marie vers l'enfant Dieu est situé au croisement des deux lignes. C'est une façon de souligner le mystère de l'Incarnation qui pour les chrétiens scelle l'alliance de Dieu avec les hommes.

Heures à l'usage de Troyes, v. 1400

L'annonce faite aux bergers

Il y avait dans la même région des bergers qui vivaient aux champs et qui gardaient leurs troupeaux durant les veilles de la nuit. L'Ange du Seigneur se tint près d'eux et la gloire du Seigneur les enveloppa de sa clarté ; ils furent saisis d'une grande crainte. Mais l'ange leur dit : « Soyez sans crainte, car voici que je vous annonce une grande joie, qui sera celle de tout le peuple : aujourd'hui vous est né un Sauveur, qui est le Christ Seigneur, dans la ville de David. »

Évangile selon Luc 2, 8-1

Dans la nuit calme, des bergers veillent. Leurs moutons se reposent à l'écart du village dans une petite prairie bien verte au bord d'une jolie rivière que franchit un petit pont de bois. Un cygne blanc et, plus haut, un canard y nagent silencieusement. Soudain une clarté divine surprend les bergers. Le plus âgé porte, de saisissement, la main à son front et se met en marche dans une position bien dangereuse. Derrière lui, un compagnon plus serein pose la main sur l'épaule de son voisin qu'il rassure en lui répétant les paroles de l'ange.

Seul le chien des bergers, semblable au « Frère Loup » de saint François, lève les yeux vers les anges. C'est sûrement lui qui les a vus le premier dérouler la banderole, appelée phylactère*, qui rend « gloire à Dieu au plus haut des cieux ».

Heures du maréchal de Boucicaut, v. 1405-1408

L'Épiphanie

*Jésus étant né à Bethléem de Judée,
au temps du roi Hérode, voici que
des mages venus d'Orient arrivèrent
à Jérusalem en disant : « Où est le roi
des Juifs qui vient de naître ? Nous avons
vu en effet, son astre et sommes venus
lui rendre hommage. »*

Évangile selon Matthieu 2, 11

Les mages, venus des trois continents connus à l'époque, sont arrivés pour adorer le nouveau seigneur du monde. La scène est souvent prétexte, pour les peintres et miniaturistes, à des mises en scène fastueuses. Rien de tel ici. Aucun contraste entre la misère de l'étable et l'opulence des rois, entre les montures exotiques caparaçonnées d'or et l'âne rustique. Point de cortège ni de vaste paysage. Même Joseph est exclu de l'image. Seuls demeurent Marie, l'enfant et les trois rois légendaires : Melchior, Gaspard et Balthazar.

Le plus âgé a été le premier à déposer sa couronne et à se précipiter aux pieds du nouveau-né. D'une main, il saisit la main du bébé et la presse sur sa barbe blanche tandis que de l'autre, sans cesser de fixer l'enfant qui le bénit, il tend à la Vierge son présent. Assise dans une stalle gothique, les pieds reposant sur un tabouret rouge, elle accompagne délicatement la bénédiction de son fils.

Derrière, calices d'or à la main, s'approchent les deux autres rois. Le plus jeune aperçoit la scène et s'apprête à enlever sa couronne pour la mettre aux pieds du divin enfant.

Heures à l'usage de Troyes, v. 1400

Le cantique de Syméon

Et voici qu'il y avait à Jérusalem
un homme du nom de Syméon.
Cet homme était juste et pieux ;
il attendait la consolation d'Israël
et l'Esprit Saint reposait sur lui.
Et il avait été divinement averti par
l'Esprit Saint qu'il ne verrait pas la mort
avant d'avoir vu le Christ du Seigneur.
Il vint donc au Temple, poussé par
l'Esprit, et quand les parents apportèrent
le petit enfant Jésus pour accomplir
les prescriptions de la Loi à son égard,
il le reçut dans ses bras...

Évangile selon Luc 2, 25-27

L'image est toute de dévotion, de ferveur, de gravité.
Syméon le juste, le pieux rend à Marie l'enfant qu'il a béni après avoir dit : « Maintenant, Souverain Maître, tu peux, selon ta parole, laisser ton serviteur s'en aller en paix [...] » (Luc 2, 29).
Marie, auréolée, reçoit le fils de Dieu humblement à genoux devant la porte du Temple. Le petit enfant nu, posé sur un linge blanc, tout content de retrouver sa mère lui tend les bras. Joseph, debout derrière Marie, les yeux baissés se recueille ainsi que la très vieille prophétesse Anne « qui ne quittait pas le Temple, servant Dieu nuit et jour, dans le jeûne et la prière » (Luc 2, 37).
On aperçoit deux visages derrière Syméon. Peut-être un donateur parmi ces deux témoins ?
Une frise de pâquerettes sépare la miniature de la bordure dont le décor élégant et agité contraste avec les attitudes solennelles de la scène sacrée : des oiseaux évoluent à travers de subtils entrelacs de feuilles, fleurs et fruits tandis qu'un homme sauvage* terrasse à la massue un monstre fantastique.

Heures de Rivoire, v. 1465-1470

La fuite en Égypte

Voici que l'Ange du Seigneur
apparaît en songe à Joseph et lui dit :
« Lève-toi, prends avec toi l'enfant
et sa mère, et fuis en Égypte ; et restes-y
jusqu'à ce que je te dise. Car Hérode va
rechercher l'enfant pour le faire périr. »

Évangile selon Matthieu 2, 13

Le jour se lève. Après une halte, la sainte famille doit repartir. Déjà Marie est remontée sur l'âne et Joseph lui tend l'enfant. Pour reprendre sa place sur les genoux de sa mère, Jésus qui se tient remarquablement droit lui jette un regard plein de douceur, en écartant légèrement le voile qui va l'abriter. Les cheveux blancs de Joseph, son teint hâlé, son air anxieux contrastent avec les visages sereins et lumineux de la Vierge et de l'enfant.

Seul Joseph porte du rouge. Mais sa cape, comme les robes de Jésus et de Marie, est bleu doré. Cette divine couleur les réunit.

L'auteur de cette miniature qui travaillait dans la région de Bourges a situé l'épisode de la fuite en Égypte dans un paysage de campagne à ses yeux familier. Mais il a ajouté à son image un peu naïve un espace étrange de nuées bleues dans un lointain incertain.

On remarque à peine la bordure de la peinture en pleine page faite de simples branches taillées et entrecroisées.

Heures à l'usage de Rome, v. 1500

Les noces de Cana

Le troisième jour, il y eut des noces à Cana de Galilée, et la mère de Jésus y était. Jésus aussi fut invité à ces noces, ainsi que ses disciples. Et ils n'avaient pas de vin, car le vin des noces était épuisé. [...] Or il y avait là six jarres de pierre, destinées aux purifications des Juifs, et contenant chacune deux ou trois mesures. Jésus leur dit : « Remplissez d'eau ces jarres. » Ils les remplirent jusqu'au bord. Il leur dit : « Puisez maintenant et portez-en au maître du repas. »

Évangile selon Jean 2, 1-2 et 6-8

Bien loin de la Galilée, sous une belle voûte en berceau ornée d'ogives finement ouvragées, le repas de noce est servi. Aux côtés de la jeune mariée, la Vierge Marie, mains jointes, se penche vers Jésus qui vient d'accomplir son premier miracle en changeant l'eau en vin.

Sur la gauche, le maître de maison a goûté le vin et manifeste sa surprise à sa voisine, probablement la mère de la mariée. Devant la table, deux personnages, à genoux, sont occupés, l'un à présenter les six jarres maintenant remplies de vin, l'autre à découper un mets. Tout est simple apparemment dans cette belle image. Mais elle a un sens caché [1].

Dans l'initiale historiée*, une assemblée de pauvres gens tendent la main devant des corbeilles pleines de pains. Deux disciples sont pris de stupeur en découvrant le miracle de la multiplication des pains.

Des torsades d'où s'échappent des rinceaux* de fleurs légères et des médaillons* à quatre lobes encadrent la page attribuée au peintre Jacquemart de Hesdin*.

Quatre motifs qui se répètent s'inscrivent dans les médaillons : les armes du duc de Berry, les initiales V. E., l'ours portant la bannière du duc de Berry et enfin, symbole du Christ, le cygne à la poitrine ensanglantée.

1.Voir à la fin du livre, dans *Petite histoire des princes...*, l'article « Grandes Heures du duc de Berry ».

Grandes Heures du duc de Berry, v. 1409

Le couronnement de la Vierge

Marie a été élevée au ciel,
les anges s'en réjouissent,
ils en louent et bénissent le Seigneur.

14 août, Premières Vêpres,
Psaumes de la Vierge

Bien avant la proclamation par le pape, en 1950, du dogme de l'Assomption, les miniaturistes ont représenté la Vierge portée au ciel par les anges pour y être couronnée par le Christ son fils ou par la Trinité. Ici, par exception, c'est Dieu le Père, trônant sous une tente, coiffé de la tiare à trois couronnes et portant le globe avec la croix dans la main gauche, qui bénit Marie. Trois anges s'apprêtent à la couronner reine du ciel, deux autres tiennent sa robe tandis qu'un troisième l'encense.

Heures à l'usage de Paris, XVᵉ siècle

Donatrice en prière

Lève les yeux et regarde autour de toi.
Tous ceux-ci sont assemblés,
ils viennent à toi.
Tes fils viendront de loin et tes filles
surgissent de tous côtés.
Alléluia !

Alléluia de la messe de la bienheureuse Vierge Marie, médiatrice de toutes grâces

Une grande terrasse bordée de marbre s'ouvre sur le ciel et la cime des arbres. Une noble dame y est en prière. Elle lève son beau visage vers la Vierge qui tient l'Enfant tendrement joue contre joue. La souveraineté de la reine des cieux est discrètement suggérée par un trône qu'enveloppe sa robe et par sa couronne fleurdelisée. Elle est soulignée par la multitude d'anges bleus qui encadrent l'indéfinissable nuée où siègent la mère et l'enfant.
Le blason sur l'étoffe de la table ne permet pas d'identifier la donatrice mais le soin que met Fouquet* à peindre son portrait ne laisse aucun doute sur son rang. La richesse de ses atours, longue robe de brocart bordée d'hermine et lourd collier d'or, atteste sa noblesse. Derrière elle, quatre jeunes filles portent la même haute coiffe que retient un bandeau noir.
La première, sa fille peut-être, ressemble à la donatrice par sa robe et son collier et par le livre d'Heures ouvert cette fois sur ses genoux.
L'une des dernières, sans doute, peintes par Fouquet, la page, admirable d'harmonie et de finesse, ouvre le livre des *Heures de Baudricourt**. Elle dispose d'une façon classique la donatrice et la reine des cieux. Mais elle met aussi en scène le livre d'Heures lui-même dans lequel l'*Obsecro te**, écrit dans la miniature en bandeau sous l'hermine, tient la première place.

Heures dites de Baudricourt, v. 1470

La Vierge allaitant

Dame qui fus mère et nourrice
et garde du roi de justice
par ta sainte pitié conseille
mon esprit plein de malice

Prière à la Vierge, début XVe siècle

Avec la « tranquille impudeur d'une nourrice [1] », la Vierge offre son sein à l'Enfant qui le saisit à deux mains et s'en détourne un instant, comme surpris par le pinceau du peintre.
Le corps gracieux de la mère, le ballet délicat de ses mains effilées et des pieds menus de l'enfant, tout respire la grâce de la vie terrestre.
À la différence des maternités austères des premiers manuscrits, celle-ci, comme d'autres au XVe siècle, et malgré le visage sérieux et recueilli de la Vierge, exprime une sensibilité nouvelle où le corps et les émotions se montrent avec bonheur.
À gauche de la Vierge, Moïse extermine les adorateurs du veau d'or.

1. Émile Mâle, *Grandes Heures de Rohan*, Paris, 1947.

Grandes Heures de Rohan, XVe siècle

La messe de saint Grégoire

Très bienheureux Grégoire,
fais-moi participer à la Passion
de Notre Seigneur Jésus-Christ.

Marguerite de Valois

La miniature qui ouvre les *Heures de la Passion* représente le miracle survenu au cours d'une messe célébrée par le pape Grégoire le Grand : au moment de l'Eucharistie, quand le pape élève l'hostie, le Christ apparaît. Il porte les marques de la crucifixion, les stigmates.
Il est entouré de la Vierge Marie et de l'un de ses disciples, Jean.
Les instruments de son supplice, clous, marteau, tenaille, reposent sur le tombeau qui fait corps avec l'autel. Mais la couronne d'épines au-dessus de l'auréole de Jésus est verte.
« Christ est mort, Christ est vivant », la Messe miraculeuse révèle l'union du mystère de la Passion et de l'Eucharistie.
Deux autres personnages sont témoins de la vision : l'acolyte*, cierge allumé à la main, qui tient relevée la chasuble d'un rouge éclatant du souverain pontife, et le neveu du maréchal de Boucicaut : le maréchal Jean III le Meingre. Il a hérité du livre d'Heures de son oncle et demandé au peintre de le faire figurer à genoux en prière. Sa devise « Et puis ho la » est répétée dans les encadrements fleuris.

Heures du maréchal de Boucicaut, v. 1477

Au mont des Oliviers

Il sortit et se rendit, comme
de coutume, au mont des Oliviers,
et les disciples aussi le suivirent.
Parvenu en ce lieu, il leur dit :
« Priez, pour ne pas entrer en tentation. »
Puis il s'éloigna d'eux d'environ un jet
de pierre et, fléchissant les genoux,
il priait en disant : « Père, si tu veux,
éloigne de moi cette coupe ! Cependant,
que ce ne soit pas ma volonté, mais la
tienne qui se fasse ! »

Évangile selon Luc 22, 39-42

Les miniatures des *Heures de la Passion* illustrent les derniers jours de la vie de Jésus et sa résurrection selon les Évangiles. Le récit commence dans la nuit, deux jours avant la fête de la Pâque qui célèbre la sortie d'Égypte des Hébreux guidés par Moïse.

Sourds aux paroles de Jésus : « Mon âme est triste à en mourir, demeurez ici et veillez avec moi » (Matthieu 26, 38), les apôtres qu'il a choisis pour l'accompagner au jardin des Oliviers, Pierre, Jacques et Jean, se sont endormis, serrés les uns contre les autres.

Jésus s'est écarté. Il a gravi un rocher qui le rapproche du ciel. Son visage est transfiguré et implorant. La ville de Jérusalem se détache au loin sur un ciel étoilé. Dans l'obscurité, une cohorte, éclairée de torches et armée de glaives, arrive pour arrêter Jésus. Judas la conduit.

Le contraste entre la clarté surnaturelle du premier plan et les ténèbres qui s'arrêtent à la porte du jardin souligne le drame qui s'annonce. Jean Colombe* encadre sobrement cette nuit tragique d'un ornement gothique veillé par deux anges.

Heures de Louis de Laval, v. 1480

Jésus devant Pilate

Pilate leur dit : « Que ferai-je donc
de Jésus que l'on appelle Christ ? »
Ils disent tous : « Qu'il soit crucifié ! »
Il reprit : « Quel mal a-t-il donc fait ? »
Mais ils criaient plus fort :
« Qu'il soit crucifié ! » Voyant alors
qu'il n'aboutissait à rien mais
qu'il s'ensuivait plutôt du tumulte,
Pilate prit de l'eau et se lava les mains
en présence de la foule en disant :
« Je ne suis pas responsable de ce sang ;
à vous de voir. »

Évangile selon Matthieu 27, 22-26

Jésus a été amené devant Pilate, le gouverneur romain. Trois gardes lui présentent Jésus qu'ils tiennent enlacé, les mains liées comme s'ils craignaient qu'il s'échappe. L'un d'eux, le visage grimaçant, réclame à genoux la mort de Jésus. Pilate détourne son regard du Christ qui le fixe, tandis qu'il se lave les mains. Le garde qui verse l'eau de la cruche a prévu une serviette qu'il tient sur l'épaule pour essuyer les mains de Pilate.
Les figures vigoureuses d'aspect assez fruste et archaïque se détachent sur un fond quadrillé d'or et de bleu. En dessous, dans l'initiale, une simple illustration de la Nativité : l'âne et le bœuf soufflent sur l'enfant pour le réchauffer. Joseph veille et Marie pose doucement sa main sur son nouveau-né.
Dans l'encadrement doré d'où s'échappent des rameaux de feuilles de vigne, en bas, un lièvre, symbole de vie, jaillit de son terrier et en haut, un chevalier, bouclier dressé, lutte avec son épée contre un dragon ailé.

Heures à l'usage de Metz ou Heures d'Isabeau de Bavière, deuxième moitié du XIVe siècle

Le Christ frappé au visage

*Les hommes qui le regardaient
le bafouaient et le battaient.
Ils lui voilaient le visage
et l'interrogeaient en disant :
« Fais le prophète ! Qui est-ce qui
t'a frappé ? » Et ils proféraient
contre lui beaucoup d'autres
injures.*

Évangile selon Luc 22, 63-65

Les gardes s'acharnent contre Jésus qu'ils viennent d'arrêter. Un juge (peut-être Pilate), assis sur un banc, esquisse un geste pour calmer le sbire. Celui-ci, saisissant la tunique de Jésus, lève le bras. Encouragé par une créature démoniaque, il s'apprête à le frapper sauvagement.

Il n'est pas le seul forcené. Une foule gesticulante de gardes, bras levés, visages moqueurs et menaçants, encercle Jésus. Debout, auréolé, les yeux clos sous la cagoule, les mains librement croisées, Jésus ne répond ni aux sarcasmes ni aux coups.

L'image dramatique et d'une violence inouïe est attribuée à l'enlumineur Jean Le Noir* formé auprès de Jean Pucelle*.

Heures de Jeanne de Navarre, v. 1340

La crucifixion

Venus à Jésus, quand ils virent qu'il était déjà mort, ils ne lui brisèrent pas les jambes mais l'un des soldats, de sa lance, lui perça le côté et il en sortit aussitôt du sang et de l'eau… Cela est arrivé afin que l'Écriture fût accomplie.

Évangile selon Jean 19, 33-37

Pilate n'a pas libéré Jésus. La foule a crié : « Qu'il soit crucifié ! » Sur la colline nommée Golgotha, l'obscurité se fit en plein jour. Et vers la neuvième heure, Jésus rendit l'esprit. La Vierge et l'apôtre Jean n'ont pas encore pris conscience de sa mort. Ils supplient les soldats de ne pas lui briser les jambes comme ils viennent de le faire aux deux larrons.

Les ténèbres saturées d'anges endeuillés font ressortir la blancheur des corps suppliciés. Deux combats furieux s'y livrent. D'un côté, saint Michel terrasse le démon et s'empare de l'âme du bon larron tandis que, de l'autre, l'âme du mauvais larron est la proie du diable.

Au registre inférieur*, la mêlée confuse des montures et des costumes bariolés exprime la frayeur qui saisit les cavaliers « à la vue du séisme et de ce qui se passait » (Matthieu 27, 54).

C'est là sans doute, sous le pinceau subtil et puissant du maître de Rohan*, l'une des plus belles pages de la miniature française.

Grandes Heures de Rohan, xve siècle

La résurrection

Le lendemain, c'est-à-dire après la Préparation, les grands prêtres et les Pharisiens se rendirent en corps chez Pilate et lui dirent : « Seigneur, nous nous sommes souvenus que cet imposteur a dit, de son vivant : "Après trois jours, je ressusciterai !"» Commande donc que le sépulcre soit tenu en sûreté jusqu'au troisième jour, pour éviter que ses disciples ne viennent le dérober et ne disent au peuple : « Il est ressuscité des morts !»

Évangile selon Matthieu 27, 62-70

Trois jours après la crucifixion, le Christ surgit du tombeau, vainqueur de la mort. Vêtu d'un manteau pourpre, il porte la couronne d'épines et expose ses plaies. Avec un signe de bénédiction, il plante en terre la croix triomphale qui rejoint le ciel et les rayons divins.

Un garde assoupi, sa masse d'armes à la main, tourne le dos au tombeau et ne voit rien. Mais les deux autres, cuirassés de fer, sont aveuglés par l'apparition et la lumière surnaturelle. Saisis d'effroi, ils lèvent le bras comme pour se protéger.

Dans les marges, en bas, un cornemuseur danse au milieu des feuilles et des fleurs. Un couple s'éloigne à gauche un peu plus haut. On les voit de dos, se tenant par le bras. La dame coiffée d'un hennin porte une robe à longue traîne. Tout en haut, en collant noir et col d'hermine, un étrange personnage à tête de félin, un diable au mauvais œil.

Heures à l'usage de Paris, v. 1440-1460

Pietà

Fils bienheuré, fils charmant, fils aimé,
Fils gracieux de vertu animé,
De tous vivants mortel le mieux formé,
Ô beauté pure,
Choix des humains, fleur de toute nature,
Riche joyau, parfaite pourtraicture,
Regard tant doux, très bénigne stature,
Face sacrée,
Face adorable et d'amour éclairée
Que te voilà, hélas ! défigurée,
Blême des yeux, toute de sang pourprée !

Arnoul Gréban, *Mystère de la Passion*, v. 1450

Image de piété par excellence, la Vierge de Pitié encourage les chrétiens du Moyen Âge à méditer sur les souffrances du Christ. La miniature offre à leur compassion le corps supplicié de Jésus qui repose sur les genoux de sa mère, la tête renversée, les yeux clos. Sa main gauche tuméfiée s'appuie sur le bras de Marie. La droite qui porte les stigmates cache sa nudité à peine voilée. Le sang coule encore de la plaie de son côté, le long de sa jambe. Assise sur son trône, Marie, le visage éploré, caresse avec une infinie tendresse son fils bien-aimé, sacrifié. Un ange à genoux tente de dégager avec douceur de la longue chevelure du Christ la couronne d'épines ; un autre, avec un linge blanc, essuie délicatement ses plaies. Par révérence, les deux anges restés derrière le trône de la Vierge, n'osent pas s'approcher ni toucher le corps du Christ. Marie, voilée de bleu, auréolée d'or, est couronnée par deux séraphins bleus sur le fond outremer semé du monogramme IHS*.

Sous la Pietà, les lettres R en blanc (Richard) et M en vermillon (Marguerite) sont réunies par un lien dans l'initiale de la prière à la Vierge « *O intemerata* »*.

L'encadrement est entièrement profane : en haut, un homme est accroupi dans un nid de verdure ; en face, une chouette, symbole de la mort, réunit toute une oisellerie autour d'elle sur un arbre sec. Partout ailleurs, toutes sortes d'animaux, des oiseaux toujours mais aussi des papillons et des colimaçons au milieu de fleurs de toutes les couleurs.

Heures de Marguerite d'Orléans, v. 1430

Christ de Pitié

Père juste,
le monde ne t'a pas connu,
mais moi je t'ai connu
et ceux-ci ont reconnu que tu m'as envoyé.
Je leur ai fait connaître ton nom
et je le leur ferai connaître
pour que l'amour dont tu m'as aimé
soit en eux
et moi en eux.

La prière de Jésus,
Évangile selon Jean 17, 25-26

Cette scène exprime toute la compassion des anges qui soutiennent et encadrent, derrière un somptueux rideau, le corps du Christ détaché de la croix. Sa tête couronnée d'épines tombe sur son épaule. Son buste et ses bras sont atrocement lacérés. Le sang s'écoule encore de son côté.
De part et d'autre de la croix, les instruments de la Passion : les fouets et la colonne de la flagellation, la lance et l'éponge imbibée de vinaigre.
À la place habituelle de l'initiale, sous l'image de dévotion, dame Marguerite de Beauvillier se recueille dans son oratoire devant les souffrances du Christ rédempteur.
À l'extrême gauche, une chenille d'épines, ou branche de roncier, conduit au registre inférieur*. Là, devant Jean-Baptiste émerveillé, le Christ sauveur délivre les premiers des justes : Adam et Ève. Les damnés resteront prisonniers des flammes et des diables dans la gueule du monstre de l'enfer. Tandis qu'une nouvelle fois la chouette chevêche évoque la mort, trois anges dans les marges demeurent en prière.

Très Belles Heures de Notre Dame de Jean de Berry, ap. 1404

La colombe du Saint-Esprit

J'ai vu l'Esprit descendre
comme une colombe
et s'arrêter sur lui.

Évangile selon Jean 1, 32

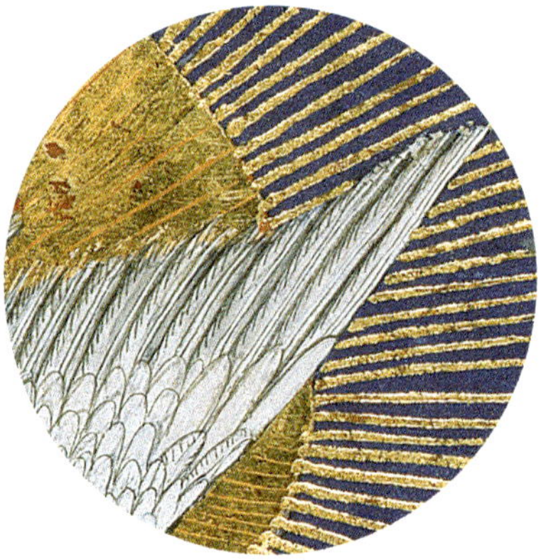

Les *Heures du Saint-Esprit* évoquent les épisodes de la vie de Jésus où la présence de Dieu s'est manifestée aux yeux de tous. Ici, sous la forme d'une colombe, le Saint-Esprit descend sur le monde. Le nimbe* marqué de la croix du Christ auréole sa tête. Les rayons du disque d'or, qui représente Dieu, créateur de toutes choses, emplissent le ciel et la page. L'artiste donne ainsi une image extraordinairement simple et forte de la Trinité.

Livre d'Heures et missel franciscain, v. 1380

Le baptême de Jésus

Alors Jésus arrive de la Galilée au Jourdain, vers Jean, pour être baptisé par lui. Celui-ci l'en détournait en disant : « C'est moi qui ai besoin d'être baptisé par toi, et toi, tu viens à moi ! » Mais Jésus lui répondit : « Laisse faire pour l'instant : car c'est ainsi qu'il nous convient d'accomplir toute justice. » Alors il le laisse faire.

Évangile selon Matthieu 3, 13-15

Lors du baptême de Jésus, le Saint-Esprit se manifesta sous la forme d'une colombe et d'une voix venue des cieux. Ici, Jésus, le regard grave, se tient debout, de face, nu dans les eaux du Jourdain. La main droite levée fait un signe de bénédiction, la gauche dissimule sa nudité. Jean-Baptiste, agenouillé sur la rive, s'appuie sur l'épaule de Jésus. Il verse l'eau du baptême d'un vase doré ; un manteau rouge, couleur des martyrs, recouvre son habituel vêtement de poil de chameau.

Des anges présentent à Jésus une ample tunique rose. Leurs ailes relevées vers le ciel forment un surprenant ballet devant un étrange paysage de montagne. Dieu le Père apparaît sur un soleil rouge au milieu d'un ciel intensément bleu. Coiffé de la tiare, il tient le globe d'une main et bénit de l'autre Jésus, son Fils bien-aimé. La colombe du Saint-Esprit, absente sur cette image, descend sur le saint représenté dans l'initiale D de la prière *Domine labia mea* : « Seigneur, ouvre mes lèvres, et ma bouche publiera ta louange » (Psaume 51, 17).

En bas, sur la frise, un prêtre accueille un nouveau-né pour le baptiser et le cortège de ses parents qui récitent leur chapelet.

Dans les marges, trois oiseaux, une grue, un chardonneret et une chouette répondent à quatre anges musiciens aux ailes rouge, or et bleu comme dans la miniature.

Très Belles Heures de Notre Dame de Jean de Berry, ap. 1404

Le Christ aux limbes

Lorsque nous étions avec tous nos pères au fond des ténèbres de la mort, nous avons été soudain enveloppés d'une lumière dorée comme le soleil et une lueur royale nous a illuminés. Et aussitôt Adam, le père de tout le genre humain, tressaillit de joie... Alors le Seigneur, écrasant dans sa majesté la mort sous ses pieds, priva l'enfer de toute sa puissance et amena Adam à la clarté de la lumière...

Évangile apocryphe de Nicodème

Superbement auréolé sous les rayons divins, le Christ sauveur plante dans la gueule du monstre la hampe de son étendard. Il tire à lui Adam, le premier à être descendu en enfer après avoir été chassé du jardin d'Éden et avoir vécu cent vingt ans. Derrière, Ève et les prophètes tendent à leur tour la main au Rédempteur.

Modestement placée dans la marge extérieure d'une page des *Grandes Heures de Rohan**, cette image naïve et charmante à la fois n'est pas de la main du maître mais de celle de l'un de ses collaborateurs, qui a donné libre cours à son imagination.

Grandes Heures de Rohan, v. 1430-1435

Jeanne de Navarre en prière

Mère du Sauveur
Vierge prudente
Vierge vénérable
Vierge digne de louanges
Vierge puissante
Vierge pleine de bonté
Vierge fidèle
Miroir de justice
Siège de la Sagesse
Cause de notre joie…

Litanies de la Vierge

Le cycle des *Heures de la Trinité* est introduit par une petite reine à genoux. Jeanne de Navarre*, couronnée mais modeste, est en prière. Marie penche la tête et serre dans ses bras le petit Jésus qui s'accroche à son cou. Joue contre joue, la Vierge juvénile et le bambin offrent l'image de la plus ineffable tendresse.
La scène gracieuse s'inscrit dans l'initiale sur un damier d'azur étincelant.

Heures de Jeanne de Navarre, v. 1340

La Trinité

Vous, Dieu le père qui n'avez point
été engendré,
vous, son Fils unique,
vous, Saint-Esprit consolateur,
ô sainte et indivisible Trinité,
nous vous adorons de tout notre cœur,
nous vous louons et vous bénissons.

Trait de la messe de la Trinité

L'un et l'autre auréolés, pieds nus, vêtus de bleu, Père et Fils se ressemblent trait pour trait et portent ensemble le globe et la croix.

Le Père, qui paraît légèrement plus âgé, lève la main droite vers le Saint-Esprit tandis que le Fils désigne sa croix.

La colombe du Saint-Esprit vient clore, dans une image d'une grande rigueur, le triangle et le mystère de la Trinité.

Petites Heures du duc de Berry, v. 1385

La Trinité : Dieu le Père accueillant le Christ en croix

« Abba (Père) ! tout t'est possible :
éloigne de moi cette coupe ;
pourtant, pas ce que je veux,
mais ce que tu veux ! »

Évangile selon Marc 14, 36

Dieu le Père accueille son fils crucifié qu'il bénit d'une main tandis qu'il essuie de l'autre le sang de son côté.
Le contraste est saisissant : à gauche, le Père souverain trône sur un arc-en-ciel. Ses pieds reposent sur le globe partagé entre les trois continents connus à l'époque. Il a le front ceint de la triple couronne sur une auréole resplendissante et il est revêtu d'un ample et somptueux manteau amarante. En face est représenté le pauvre corps supplicié du Christ dont l'auréole se distingue à peine du bois de la croix. Mais la colombe de l'Esprit Saint relie le Père tout-puissant et le Fils souffrant et exprime la compassion d'amour au sein de la Trinité.
La scène s'inscrit entre deux tentures. Sur celle du fond, tendue par des anges célestes, apparaissent les paroles adressées par le Christ à Dieu le Père durant son agonie au jardin des Oliviers : « Ce que vous voudrez. »
On les retrouve sur celle du premier plan, tendue par deux anges en livrée plus terrestre, autour des armes du pieux maréchal de Boucicaut* qui « sans nul faillir, disait ses heures et maintes oraisons et suffrages des saints » et les avait, dit-on, adoptées pour devise avant un rude combat.

Heures du maréchal de Boucicaut, v. 1405-1408

Donateur devant la Madone

Nous avons recours à votre protection,
sainte Mère de Dieu :
ne rejetez pas les prières que nous vous
adressons dans nos besoins,
mais délivrez-nous toujours de tous
les dangers,
ô Vierge glorieuse et bénie.

Deuxièmes Vêpres de Notre Dame
de la Consolation

À genoux dans l'herbe verte, un jeune abbé en robe noire à capuchon, prie la Madone avant le début de l'*Office des morts.*
La Vierge couronnée trône au milieu d'une nuée d'anges et lui tend l'enfant Dieu qui se penche pour lui accorder sa bénédiction.
Dans les bordures fleuries se retrouvent les habituels volatiles, oiseau, paon et papillon.
Plus rare, l'oiseau retient dans son bec le blason qui désigne le donateur.
Et plus étrange encore, Maître Renard, en habit de moine bénédictin, prêche ses ouailles, représentées par les trois oies qui l'écoutent sagement.

Heures de Rivoire, v. 1465-1470

L'office des morts

Nous ne voulons pas, frères,
que vous soyez ignorants au sujet des morts ;
il ne faut pas que vous vous désoliez
comme les autres qui n'ont pas d'espérance.
Puisque nous croyons que Jésus est mort
et qu'il est ressuscité, de même,
ceux qui se sont endormis en Jésus,
Dieu les emmènera avec lui.

Première Épître de Paul
aux Thessaloniciens 4, 13-14

La chapelle ardente aux armes du duc de Berry est dressée au milieu de l'église, derrière l'autel que l'on aperçoit à droite. Un somptueux drap de brocart recouvre le cercueil du défunt déposé sous le baldaquin où plusieurs rangées de bougies ont été allumées. Un moine debout, bréviaire à la main, récite à haute voix l'office des morts. De part et d'autre du catafalque, six dominicains assis sur d'austères bancs de bois, les pieds près des chaufferettes, suivent la cérémonie. Étrangement, leur physionomie semble exprimer plus d'inquiétude que de tristesse.
Dans l'embrasure de la porte, une dame, en chaperon et tenue de deuil, rejoint les quatre pleurants assis derrière les moines mendiants.
Dans l'initiale du texte qui suit, deux hommes sont assis face à face. L'un d'eux semble indiquer à son voisin, qui tient son livre à l'envers, la page de l'office des morts.
En bas de la miniature, au registre* inférieur, la procession se rend au cimetière, après le service à l'église. Derrière la croix et les servants en aube, le prêtre en manteau de cérémonie, deux jeunes laïcs chargés de torches précèdent les pleurants qui portent le catafalque devant les parents et les amis. Cette image fidèle et recueillie de l'office des défunts est classiquement entourée de trois oiseaux, dont la chouette, et de trois anges qui, cette fois, sonnent le glas.

Très Belles Heures de Notre Dame de Jean de Berry, ap. 1404

L'inhumation

Donnez-lui, Seigneur, le repos éternel,
Et que la lumière sans fin luise pour lui.
Qu'il repose en paix.
Ainsi soit-il.

Prière de la messe des défunts

Dans un cloître au milieu de la ville, deux laïcs déposent en pleine terre le corps d'un défunt enveloppé du traditionnel linceul blanc. Au bord de la fosse fraîchement creusée, la pelle voisine avec les ossements qu'ils ont dû déplacer.
Le prêtre en chape dorée asperge le corps d'eau bénite avec le goupillon qu'il vient de plonger dans le seau. L'enfant de chœur en aube blanche porte aussi la croix. Trois pleurants vêtus de noir et deux personnages dans l'embrasure de la porte assistent à l'inhumation.
Sous la miniature, l'initiale en couleur se prolonge dans les marges en rinceaux* de feuillages et de simples feuilles.

Heures à l'usage de Paris, début du XVe siècle.

Job sur son fumier ridiculisé par ses amis

*« Oh ! je voudrais qu'on écrive
mes paroles, qu'elles soient gravées
en une inscription avec un ciseau de fer
et du plomb, sculptées dans le roc pour
toujours ! Je sais, moi, que mon Défenseur
est vivant, que lui, le dernier, se lèvera
sur la poussière. Une fois qu'ils m'auront
arraché cette peau qui est mienne,
hors de ma chair, je verrai Dieu. »*

Job 19, 23-26

Offerte à la méditation des malades et des mourants, l'image des souffrances de Job apparaît souvent au tout début de l'*Office des morts.*
Le diable a voulu prouver à Dieu que Job, homme juste et pieux, ne lui restera pas fidèle s'il le prive de ses richesses et de sa santé. Le voici donc mis à l'épreuve par Satan, seul, misérable, sur un tas de fumier. Comme chaque jour, trois amis sont venus l'interroger. Job a la conscience pure, mais ses amis sont persuadés que ses malheurs sont la conséquence d'un péché inavoué.
L'un relève son manteau de peur de le souiller et découvre son pied immaculé auprès de ceux, immondes, de Job. L'autre appuie son discours des deux mains. Le troisième écoute benoîtement. Devant l'incompréhension totale de ses amis, la détresse de Job est immense.
Le peintre Jean Fouquet* situe la scène devant un décor contemporain : le donjon royal de Vincennes où réside alors le roi Charles VII.

Jean Fouquet, Livre d'Heures d'Étienne Chevalier, v. 1455

Louis de Laval en prière

En Toi seul,
Seigneur,
est mon salut.

Prière inscrite en latin
en haut de la miniature

Louis de Laval adresse ses prières à la Vierge et à l'enfant, invisibles ici mais représentés sur la page de gauche du manuscrit.

Louis de Laval, sire de Châtillon, éminent conseiller de Louis XI, est un riche et puissant seigneur, vêtu d'une somptueuse robe rouge qu'orne le collier de l'ordre de saint Michel.

Ses armes sont tissées dans le velours qui couvre la table devant lui.

C'est un homme âgé : ce portrait est peint quelques années avant sa mort, en 1489. C'est aussi un homme pieux, représenté ici à genoux devant son livre de prière grand ouvert.

La dignité de son allure contribue à renforcer l'expression de gravité et de ferveur qui se lit sur son visage.

Dans le fond de la salle, à distance respectueuse de leur seigneur, une assemblée de clercs en toque noire participe au recueillement. Seuls, les deux petits chiens noir et blanc mettent ici une légère touche de fantaisie.

Heures de Louis de Laval, v. 1480

La naissance de Jean-Baptiste

Quant à Élisabeth, le temps fut accompli où elle mit au monde un fils. Ses voisins et ses proches apprirent que le Seigneur avait fait éclater sa miséricorde à son égard, et ils s'en réjouissaient avec elle.

Évangile selon Luc 1, 57-58

En deux pages, la vie et la mort de Jean-Baptiste. Sa naissance d'abord. Jean-Baptiste arrive au monde couvert d'une petite tunique de poil. En fait, il ne la portera que bien plus tard, dans le désert. Mais l'idée est charmante qui permet d'identifier immédiatement le nouveau-né auréolé. Marie, la cousine de sa mère, est à genoux, prête à l'emmailloter. Soudain, elle lâche le lange en voyant le nourrisson lever son petit bras et faire un geste de bénédiction. Sa mère, Élisabeth, garde les yeux fixés sur eux. Trois servantes arrivent dans la chambre. La première, en joli décolleté, verse délicatement l'eau sur les mains d'Élisabeth tout en tenant fermement la cuvette. La deuxième, en robe à col fermé, apporte un bol à bouillon et une cuillère. La dernière, plus jeune, cheveux dénoués, passe la porte avec une volaille et deux assiettes.
Le peintre a peint une riche et noble demeure : une villa italienne à colonnes et arcades de marbre. Des rideaux précieux garnissent le lit à baldaquin. Les murs ocre sont peints à la détrempe. Voyez-vous dans la cour, à droite, le citronnier ? Une longue galerie court sous le toit et laisse apparaître la ligne étroite d'un ciel bleu, sur un fond d'étoiles dorées.

Livre d'Heures et missel franciscain, v. 1380

La danse de Salomé

Or comme Hérode célébrait
son anniversaire de naissance,
la fille d'Hérodiade dansa en public
et plut à Hérode au point qu'il s'engagea
par serment à lui donner ce qu'elle
demanderait. Endoctrinée par sa mère,
elle lui dit : « Donne-moi ici, sur un plat,
la tête de Jean-Baptiste. » Le roi fut contristé,
mais, à cause de ses serments et des convives,
il commanda de la lui donner et envoya
décapiter Jean dans la prison.

Évangile selon Matthieu 14, 6-9

Le roi Hérode a fait arrêter Jean-Baptiste qui lui reproche d'avoir pris Hérodiade, la femme de son frère. Hérode célèbre avec faste son anniversaire. Hérodiade trône à ses côtés. La table du banquet est dressée de vaisselle d'or. Devant le roi, Salomé danse. Elle lève le tambourin dont elle rythme ses pas. Hérode, envoûté, ne la quitte pas des yeux. Il en oublie de jeter l'os qu'il tient à la main au petit chien qui s'impatiente à ses pieds. Hérodiade, qui a tout organisé, décide en fait, main levée, du sort de Jean-Baptiste.
Dans l'initiale, les armes du duc de Berry, qui a commandé ce livre d'Heures, rappellent que Jean-Baptiste était son saint patron.
De gracieux oiseaux perchés sur des rameaux délicats ornent les marges.

Petites Heures du duc de Berry, v. 1385

Dame devant la Madone

« Voici que je vais envoyer un ange
devant toi, pour qu'il veille sur toi
en chemin et te mène au lieu que je t'ai fixé.
Révère-le et écoute sa voix. »

Exode 23, 20-21

L'ange gardien d'une donatrice anonyme parraine les *Suffrages des saints** réunis à la fin du livre d'Heures.

La noble dame, richement vêtue, coiffée du hennin, mains jointes, à genoux sur un moelleux coussin est soutenue par son ange gardien. Elle ose à peine lever les yeux sur la Madone qui l'accueille tendrement : la Vierge se penche vers elle en un mouvement gracieux et l'enfant se détourne un instant du sein nourricier, pour la bénir d'un doux geste de la main.

Les rayons divins éclairent la loggia aux fines colonnes qui s'ouvre sur la verdure sous un ciel profond.

La petite peinture carrée aux coloris délicats est entourée de feuilles de vigne et de fleurs.

Heures à l'usage de Paris, début du XVe *siècle*

Sainte Anne et les trois Marie

Sainte Mère Anne, aux femmes
qui vous implorent avec grande dévotion,
qu'elles demandent fille ou garçon,
obtenez-leur cette faveur.

Prière catalane

En dehors de la ville, au croisement de deux allées couvertes de charmille, Anne préside à la rencontre de sa fille Marie et de son divin fils.
Tous convergent vers la Vierge auréolée qui se tient immobile comme une statue, les yeux baissés, pour présenter l'enfant Jésus.
Derrière eux, on devine Joseph, seul homme présent, qui s'avance dans l'ombre. De l'autre côté sont représentées les deux autres filles d'Anne, appelées elles aussi Marie. L'une, épouse d'Alphée, a quatre fils : Jacques le Mineur, Joseph le Juste, Simon et Jude. L'autre, Marie-Salomé, épouse de Zébédée, est la mère de Jacques le Majeur et de Jean l'évangéliste.
Jésus bénit sainte Anne qui croise les mains sur son ventre fécond.
Les mères veillent sur leurs enfants : Jacques apprend à son frère Jean le geste de la prière tandis qu'un troisième enfant se cache dans les voiles de sa mère.
Sous les lions de Juda*, deux hommes sauvages* cachent drôlement leur nudité derrière les armes d'Étienne Chevalier.

Jean Fouquet, Livre d'Heures d'Étienne Chevalier, v. 1455

Saint Jean-Baptiste

Mais l'ange lui dit : « Soit sans crainte, Zacharie, car ta supplication a été exaucée ; ta femme Élisabeth t'enfantera un fils, et tu l'appelleras du nom de Jean. Tu auras joie et allégresse, et beaucoup se réjouiront de sa naissance. »

Évangile selon Luc 1, 13-14

On a noué le rideau du lit pour que les proches et les voisines puissent constater le miracle annoncé par l'ange Gabriel à Marie (Luc 1, 36).
Élisabeth paraît encore tout étonnée sous le drap que remonte la sage-femme. Zacharie, réduit au silence pour n'avoir pas cru l'étonnante nouvelle répond, en écrivant sur une tablette, à la question des visiteuses : « Jean est son nom. »
Sur les genoux de la Vierge, délicatement nimbée, le nouveau-né attend le bain que lui prépare une robuste servante. Une élégante jeune femme, tout en surveillant l'opération, réchauffe devant l'âtre le lange de l'enfant. La blancheur immaculée des rideaux et des draps fait ressortir les somptueux rouges et bleus des robes.
Au registre inférieur*, débordant sur le sol de la chambre, les armes d'Étienne Chevalier, commanditaire* de ce livre d'Heures, trésorier de France, voisinent avec, dans une couronne de fleurs, l'agneau qui illustre les paroles de Jean : « Voici l'agneau de Dieu. »
Enfin, tout en bas, deux anges aux ailes vertes présentent des tableaux, des bas-reliefs en bois sculpté. Ils évoquent trois épisodes de la vie du saint : l'ermite au désert répondant à ceux qui venaient se faire baptiser par lui, le baptême du Christ et la mort de Jean-Baptiste, demandée par Salomé.

Jean Fouquet, Livre d'Heures d'Étienne Chevalier, v. 1455

Saint Jacques le Majeur

Dieu, sanctifiez et gardez votre peuple. Fort de la protection de votre apôtre saint Jacques, qu'il vive de manière à vous plaire et qu'il ait l'âme en paix pour vous servir.

Oraison de saint Louis à l'approche de sa mort

Frère aîné de Jean et fils de Zébédée, pêcheur sur le lac de Galilée, Jacques fait partie du premier cercle des disciples. L'apôtre assiste à la Transfiguration et à l'agonie de Jésus au mont des Oliviers. Après l'ascension du Christ, il prêche son enseignement en Judée d'abord, puis, pendant quelques années, en Espagne. À son retour à Jérusalem, Hérode Agrippa le condamne à mort et le fait décapiter. Selon la légende, son corps placé dans un navire est guidé par les anges jusqu'en Galice où son culte prend immédiatement une ampleur extraordinaire.

Les pèlerins affluent de toute l'Europe à Saint-Jacques-de-Compostelle et se rassemblent autour de son tombeau puis dans l'immense basilique construite par les rois catholiques.

Barbe épaisse et pieds nus, le saint, coquille au chapeau et long bourdon en main, porte les attributs du pèlerin de Saint-Jacques. Les saintes Écritures qu'il tient aussi sous le bras droit témoignent de son rôle missionnaire dans cette verte terre de Galice bordée par les flots marins. L'ensemble se détache sur un fond constitué des armes du maréchal de Boucicaut et de sa devise : « Ce que vous voudrez. »

Heures du maréchal de Boucicaut, v. 1405-1408

Saint Antoine le Grand

Celui qui reste seul en sa cellule,
il se repose et il est exempt de trois
ennemis : l'ouïe, le parler et la vue.
Il combat seulement avec son cœur.

La Légende dorée

C'est le plus souvent dans le désert la nuit que les démons viennent tourmenter saint Antoine.

L' artiste de l'atelier de Jean Colombe* prend ici un parti beaucoup plus audacieux et réaliste : il situe la scène dans le décor, pour lui parfaitement contemporain, de la confortable chambre à coucher d'un château bien français dont la haute croisée reçoit la pâle clarté du crépuscule.

À droite, une jeune et séduisante personne, pieds nus, légèrement vêtue et cheveux dénoués, cambre sa jolie taille entre le saint qu'elle appelle et le lit qu'elle ouvre. Les deux petites cornes qui pointent sur le haut de sa tête révèlent sa nature diabolique.

À gauche, Antoine, barbe blanche, et en robe de bure, reste stoïque. Il est peint sur les flammes du foyer. Elles symbolisent le mal des ardents qu'il a coutume de guérir. Il résiste aux appâts, sinon du cœur, du moins de la main. Un ballet d'angelots bien effrontés encadre la scène.

Heures de Louis de Laval, v. 1480

Saint Léonard

Libérateur des prisonniers,
Compatissant Léonard,
Veuille me délivrer
De l'éternelle prison.

Anonyme, XVe siècle

La légende raconte que saint Léonard reçut le baptême des mains de l'archevêque de Reims, saint Rémi, en l'an 500. Devenu abbé et familier du roi, il obtenait de celui-ci la grâce de tous les prisonniers qu'il visitait. Par la suite, il devint ermite. Il suffisait, disait-on, aux captifs d'invoquer son nom, de leurs prisons, pour recouvrer la liberté. La tradition ajoute qu'une fois libérés, ces hommes venaient présenter à saint Léonard les fers dont ils avaient été chargés.
Le Maître de Boucicaut* représente le saint à la porte de son oratoire dans la forêt où il s'était retiré, symbolisée par les deux arbres. Il tient à la main les chaînes de deux prisonniers « tous nus fors de leurs petits draps » qui l'implorent à genoux.

Heures du maréchal de Boucicaut, v. 1405-1408

Sainte Marguerite

Saint Denis, saint Georges, saint Blaise,
Saint Christophe et aussi saint Gilles,
Sainte Catherine, il vous plaise...
Sainte Barbe et sainte Marguerite
Avoir toujours de moi mémoire,
Ainsi comme il est chose voire
Que Dieu à vous tous octroya
Que quiconque vous raquerra
De bon cuer, par prière honneste
En quel péril qu'il veurra
Dieu essaucera sa requeste.

Eustache Deschamps, 1407

Saine et sauve, Marguerite sort du dos de l'affreux dragon qui vient de la dévorer. Elle tient entre ses mains la petite croix d'or avec laquelle, en perforant son épine dorsale, elle s'est échappée des entrailles du monstre qui saigne encore. Le démon se retourne, un lambeau de la robe dans la gueule, pour regarder avec stupeur la jeune vierge qu'il croyait avoir engloutie.

C'est dans la prison où Olibrius, le préfet d'Antioche, l'avait fait jeter après qu'elle lui eut résisté, que la vierge, selon la légende, a subi l'assaut du dragon.

Mais c'est dans une superbe cathédrale gothique aux murs tendus de rouge sous les vitraux que l'artiste la représente.

L'histoire se poursuit, ou plutôt se prépare, dans le petit médaillon*, sous l'image principale. La sainte y file sa quenouille en gardant ses moutons tandis qu'Olibrius approche et ne va pas tarder à être séduit par sa beauté.

Dans les bordures, au milieu des pâquerettes, des bleuets et des fraises, voisinent un colimaçon, une huppe, un couple de faisans, un autre de singes, et comme souvent, un paon.

Heures à l'usage de Nantes ou Heures de Pierre II, duc de Bretagne, v. 1455-1457

Saint Martin

Ô Dieu, faites que dans votre bonté,
par l'intercession du bienheureux Martin,
votre confesseur et pontife, nous soyons
protégés de tous les maux.

Oraison de la messe de saint Martin

La tête du cortège s'engouffre sous la voûte du Grand Châtelet et entre dans Paris.
Mais les cavaliers, emmitouflés jusqu'aux yeux, se sont arrêtés derrière Martin. Celui-ci remet l'épée au fourreau après avoir coupé son manteau. Il en a donné la moitié au pauvre vieillard grelottant de froid, pieds nus, qui, de reconnaissance, ploie le genou et joint les mains devant lui.
En un chef-d'œuvre de composition, l'image tourne sur le pavé qui accompagne le mouvement de la troupe autour de l'angle aigu du parapet de pierre blanche. Elle se prolonge vers la Seine où, sous le petit pont qui la traverse pour aller vers la cité médiévale, glisse une petite barque à rames.

Jean Fouquet, Livre d'Heures d'Étienne Chevalier, v. 1455

Saint Christophe

Saint Christophe, priez pour nous,
Pour tous ceux qui voyagent volontairement
ou par nécessité,
Pour toutes les personnes déplacées.

Anonyme, XXe siècle

Selon la légende, un géant d'aspect terrible avait accepté pour plaire à Dieu d'aider les voyageurs à traverser un ruisseau dangereux.
La petite miniature inscrite dans le M de martyr montre le géant, non pas au milieu du ruisseau, mais dans la mer chargée de bateaux. Inquiet, il lève la tête vers le petit enfant assis sur ses épaules qui soudain pèse extraordinairement lourd. Il a peur de perdre l'équilibre dans les vagues et il écarte les jambes en se cramponnant à son bâton.
À peine déposé à terre, l'enfant qui tient un globe dans sa main va le rassurer « Ne t'étonne pas, Christophe, car non seulement tu as eu le monde entier sur tes épaules mais aussi celui qui l'a créé. »
Au loin, un ermite vient à leur rencontre, une lanterne à la main.

artyr cri
xpo fo
re. pro
salua
tous lo
nore.
fac nos mente fore. deitatis amo
re promisso xpi. quia quicquid pe
tis obtinuisti. a populo tibi bona
que moriendo petisti. confer sola
men et mentis tolle gravamen. ut
dicis eragmen fac mitte. sis om
nibus amen. versus.
Xpo fon sancti speciem quicumque
tuetur. R: Illo nempe die nullo

Heures à l'usage de Paris, v. 1440-1460

Saint Paul

Il faisait route et approchait de Damas,
quand soudain une lumière venue du ciel
l'enveloppa de sa clarté. Tombant à terre,
il entendit une voix qui lui disait : « Saoul !
Saoul ! Pourquoi me persécutes-tu ? »
« Qui es-tu, Seigneur ? » demanda-t-il.
Et lui : « Je suis Jésus que tu persécutes. »

Actes des apôtres 9, 3-5

Sur un vaste paysage où l'on devine au loin Damas, la sainte Trinité darde un rayon divin qui foudroie le persécuteur des chrétiens.
Saoul déjà n'est plus Saoul. Un nimbe* se forme autour de la tête de Paul, encore prostré sur son cheval noir tandis que le trouble saisit les cavaliers qui l'accompagnent.
Paul va devenir, après Jésus, la plus grande figure du christianisme, prêchant l'Évangile pendant un quart de siècle, de l'Asie Mineure à la Grèce et à Rome. Citoyen romain, il sera décapité le jour même où Pierre y sera, lui, crucifié comme un esclave.
Sous l'image principale, un atlante et quatre femmes sauvages portent l'initiale du texte et les armes d'Étienne Chevalier.

Jean Fouquet, Livre d'Heures d'Étienne Chevalier, v. 1455

La Nativité, Heures de Charles de France, v. 1465

Lexique & petite histoire des princes, des livres et des artistes

Le maître de Charles de France a eu une idée tout à fait originale et charmante pour présenter la Nativité : une volière où douze paons bleus, symboles d'immortalité et de résurrection, encadrent et illuminent la crèche. Six paradent en faisant la roue de part et d'autre de l'étable. Deux, de profil, soutiennent, en bas, les armes du duc de Normandie. Au sommet, des faisans leur répondent autour du même blason. Quatre désignent de leur longue queue la place où d'habitude luit l'étoile des mages.
Au milieu de l'exubérance de ce décor, une scène toute simple : la Vierge est en adoration devant le nouveau-né qui repose, nu, sur un pan de son manteau. Au fond, l'âne et le bœuf soufflent pour le réchauffer. Joseph d'un côté, de l'autre les bergers, mains jointes, manifestent leur émerveillement.
Dans le lointain, par-delà la rivière, s'annonce le cortège superbe des rois mages.

ACOLYTE :
clerc qui sert la messe à l'autel (p. 57, *La messe de saint Grégoire*).

BRÉVIAIRE :
livre officiel de la prière liturgique, établi et contrôlé par l'Église. Il contient l'Office divin, qui varie selon le calendrier liturgique. Il doit être récité chaque jour au rythme des heures canoniales, fixées par l'Église.

COLOMBE (JEAN) :
voir *Très Riches Heures du duc de Berry* et *Heures de Louis de Laval.*

COMMANDITAIRE :
celui ou celle qui commande et paie la réalisation d'un livre d'Heures aux peintres et aux copistes.

ENCENSOIR :
brûle-parfum destiné à l'office du culte, suspendu à une petite chaîne que l'on balance pour répandre l'odeur de l'encens en signe d'hommage (p. 51, *Le couronnement de la Vierge*).

ENLUMINURE :
au Moyen Âge, illustration d'un manuscrit avec de l'or et des couleurs lumineuses.

FOUQUET (JEAN) :
voir *Heures d'Étienne Chevalier.*

HEURES DITES DE BAUDRICOURT, v. 1470 :
On a longtemps cru voir dans le blason de la *Donatrice en prière* (p. 53), les armoiries de la famille de Baudricourt, et dans la dame, Anne de Beaujeu-Amplepluis, mariée en secondes noces à Jean de Baudricourt, chambellan du roi, futur gouverneur de Bourgogne et maréchal de France. Cette attribution paraît aujourd'hui erronée mais aucune autre marque de propriété ne figurant sur le manuscrit, sa dénomination a été maintenue.

Deux artistes, dont Jean Fouquet, ont collaboré à l'illustration de ce livre d'Heures composite mais très soigné. Les miniatures en pleine page sont de la main de Fouquet quelques années avant sa mort, entre 1478 et 1481.

HEURES DU DUC DE BERRY :

C'est en sa qualité de prince des arts et de très grand mécène que l'on se souvient de Jean de France, duc de Berry, né à Vincennes en 1340, mort dans son hôtel de Nesle, à Paris, en 1416.
Il vivait entouré d'artistes, d'architectes, de peintres et de sculpteurs, dans le luxe inouï de ses hôtels, châteaux et palais, lorsque les conflits politiques le lui permettaient.
Collectionneur passionné et bibliophile raffiné, il possédait plus de trois cents manuscrits profanes et religieux, dont une quinzaine de livres d'Heures, fleurons de sa bibliothèque.
Toutes les Heures, *Petites, Grandes, Très Grandes, Très Riches...* sont somptueuses. Les adjectifs des titres n'ont pas vraiment de sens. Seules les *Très Grandes Heures* correspondent à un format exceptionnel.

• PETITES HEURES DU DUC DE BERRY, v. 1372 :

Commencées par le miniaturiste Jean Le Noir, les *Petites Heures* sont poursuivies par Jacquemart de Hesdin, vers 1385. Les frères Limbourg, à la demande du duc, leur ajoutent en 1412 une délicate enluminure le représentant âgé, partant pour un pèlerinage.

• TRÈS BELLES HEURES DE NOTRE DAME DE JEAN DE BERRY, ap. 1404 :

Ces Heures, dont le calendrier est très personnalisé, ont été commandées à différents artistes : Jean d'Orléans, le Maître du Parement, le Maître de saint Jean-Baptiste... Tous sont très inspirés par la peinture de chevalet (p. 71, *Christ de Pitié*).

• GRANDES HEURES DE JEAN DE BERRY, achevées en 1409 :

L'élégance du dessin, l'éclat des couleurs des miniatures de ces *Heures* en font un chef-d'œuvre du gothique français. Toutes ne sont pas du même pinceau. D'après l'inventaire de 1413, le manuscrit contenait « de grandes histoires de la main de Jacquemart de Hesdin et autres ouvriers de Monseigneur ». Certaines pages enluminées des *Grandes Heures* sont très proches de celles des *Très Belles Heures de Notre Dame de Jean de Berry* notamment celle qui illustre *Les noces de Cana* (p. 49). Dans les deux cas, la conversion de l'eau en vin est associée au miracle de la multiplication des pains et c'est, pour saint Thomas, saint Augustin et les Pères de l'Église la première célébration de l'eucharistie et la fondation de l'Église : la jeune mariée, qui occupe le centre de l'image, symbolise l'Église, entre l'Ancien et le Nouveau Testament. Au premier plan, les deux personnages représentent le peuple de Dieu. L'un fixe le Christ. L'autre, habillé de rouge comme elle, se tourne vers l'Église, tandis que le bras de sa voisine, qui semble dédoubler le sien, scelle leur union.

• TRÈS RICHES HEURES DU DUC DE BERRY, XVe SIÈCLE :

Les *Très Riches Heures* sont une œuvre collective et l'ultime chef-d'œuvre des trois frères Limbourg, Pol, Jean et Hermann, au service du duc depuis 1404. Ils élaborent ensemble le manuscrit, le modifient et se partagent le travail jusqu'à leur mort commune, probablement de la peste noire, à Paris, à l'hôtel de Nesle, en 1416, la même année que leur mécène.

Le livre sera repris par un artiste inconnu vers 1440 et terminé par le grand Jean Colombe, vers 1485, pour Charles Ier.

GRANDES HEURES DE ROHAN, XVe SIÈCLE :

L'artiste anonyme des *Grandes Heures de Rohan* doit son nom aux armoiries de la grande famille bretonne qui figurent à plusieurs reprises dans le manuscrit. On ignore cependant l'identité du membre de la maison de Rohan qui en aurait été le commanditaire ; on s'interroge même sur l'originalité de ces armoiries.

Installé probablement à Paris vers les années 1415-1420, le Maître de Rohan connaît parfaitement bien les grands enlumineurs de son temps, le Maître de Boucicaut et les frères Limbourg. Mais sa forte personnalité, son tempérament excessif, la puissance de ses émotions l'entraînent ailleurs. Il transgresse les règles. Se réservant les pleines pages, il comble l'espace de ses visions pathétiques (p. 65, *La crucifixion*) ou d'images de tendresse (p. 55, *La Vierge allaitant*).

HEURES DU MARÉCHAL DE BOUCICAUT, 1405-1408 ; 1477-1480 ; 1490 :

Jean II le Meingre fut d'abord chevalier avant d'être nommé maréchal et de donner son nom à l'artiste anonyme de ses Heures, le Maître de Boucicaut, qui domine l'enluminure française du début du XVe siècle.

Le livre de prière, très personnalisé, est conçu de manière bien particulière. Contre toute attente, les *Suffrages des saints* sont placés avant les *Heures de la Vierge*. On y voit apparaître Léonard, patron des prisonniers, représenté entre deux captifs « tous nus fors de leur petit drap » (p. 109). Le maréchal ayant été lui-même par deux fois fait prisonnier affiche ainsi une dévotion spéciale pour cet ermite que l'on ne retrouve que sur un seul autre livre d'Heures, celui de Marguerite de Clisson.

Les armoiries et la devise du maréchal figurent si souvent sur les miniatures que les historiens s'en étonnent : « Les armoiries et le "mot" du maréchal *Ce que vous voudrez* y abondent de façon presque indécente, en faisant intrusion dans les scènes religieuses » (Charles Sterling) (p. 83). Cette insistance s'explique pourtant si l'on y reconnaît les paroles du Christ à Gethsémani.

HEURES D'ÉTIENNE CHEVALIER, v. 1455 :

Rares sont les livres d'Heures pour lesquels on connaisse à la fois l'identité du commanditaire et celle de l'enlumineur. C'est le cas des *Heures d'Étienne Chevalier* dont les miniatures sont toutes de la main de Fouquet. Le manuscrit est malheureusement incomplet, démembré au XVIIIe siècle. On en connaît aujourd'hui 47 feuillets dont deux conservés au cabinet des dessins du musée du Louvre et 40 au musée Condé à Chantilly.

Étienne Chevalier, notaire et secrétaire du roi fut nommé trésorier de France en 1452, et c'est probablement l'année suivante qu'il a commandé son livre. Le trésorier, homme cultivé et très pieux vivait à Paris dans une luxueuse demeure où l'on célébrait chaque jour l'office divin. Ses *Heures* sont extrêmement personnalisées et ses initiales apparaissent presque à chaque page.

Chef-d'œuvre incontesté de Jean Fouquet à son retour d'Italie, les *Heures d'Étienne Chevalier* sont celles d'un artiste en pleine maturité. Le plus grand peintre du XVe siècle traite ses miniatures comme des tableaux de chevalet. Elles occupent la

page entière et sont dépourvues de bordures. Fouquet maîtrise aussi bien l'espace des paysages urbains (p. 113) que celui d'une chambre à coucher (p. 95). Il dessine avec grâce et précision les gestes de la vie quotidienne : la sage-femme qui remonte les draps, la servante qui remue l'eau dans le baquet.
La composition de ses miniatures est toujours très intelligente, ses couleurs sont sereines et ses ors, divins.

Heures de Charles de France, v. 1465 :

Frère cadet de Louis XI, Charles de France, grand bibliophile, fit travailler de nombreux artistes, et parmi eux un inconnu très original, désigné par la suite comme le Maître de Charles de France, auquel il confia l'illustration de ses *Heures.* Cet enlumineur, doué d'invention dans ses compositions à canevas géométriques, est également un excellent coloriste (*La Nativité,* p.120). Les armoiries du destinataire portant l'écu de Normandie apparaissent plusieurs fois sur le manuscrit et permettent de le dater. En effet, le frère de Louis XI a reçu en apanage le duché de Normandie en 1465. Le maître de Charles de France, qui fut probablement en apprentissage dans le Poitou est aussi l'auteur des charmantes *Heures à l'usage de Poitiers,* v. 1455-1460 (p. 12).

Heures de Louis de Laval, seigneur de Châtillon, v. 1480 :

Les armoiries de Louis de Laval (1411-1489) répandues à profusion dans le manuscrit et les deux admirables portraits de Louis, seigneur de Châtillon qui ornent le livre d'*Heures* ne laissent aucun doute sur l'identité de son propriétaire, « grand maître enquesteur et général réformateur des eaux et forêts du royaume de France », mort à Laval à 78 ans.
Louis de Laval commanda son extraordinaire livre d'Heures à Jean Colombe qualifié de « povre enlumineur à Bourges » par Charlotte de Savoie, femme de Louis XI ! Le programme colossal (1234 enluminures dont 157 pleines pages) fut exécuté en plusieurs étapes et avec la collaboration de différents artistes. L'œuvre achevée est à la mesure des ambitions affichées et des talents d'un illustrateur étonnamment fécond.

Heures de Jeanne de Navarre, v. 1340 :

Le manuscrit est le parfait exemple du livre d'Heures personnalisé. Il porte le nom de sa destinataire, Jeanne de Navarre, fille de Louis X le Hutin et de Marguerite de Bourgogne, couronnée reine de Navarre en 1329. Jeanne de Navarre est représentée plusieurs fois dans ses *Heures,* à genoux en prière (p. 79). On la voit aussi sous la protection de son ange gardien distribuer l'aumône. Différents artistes ont travaillé au livre d'*Heures* dont trois au moins ont été formés dans l'atelier de Jean Pucelle qui dominait l'école de Paris dans la première moitié du XVe siècle.

Heures de Marguerite d'Orléans, v. 1430 :

Les armoiries de la très jeune princesse en prière devant la Vierge (p. 31) ont permis d'identifier Dame Marguerite d'Orléans, sœur du prince-poète, Charles d'Orléans. L'enlumineur aurait exécuté les miniatures de ses *Heures* vers 1430, quelques années après le mariage de Marguerite avec Richard, comte d'Étampes, fils de Jean V de Montfort. L'artiste anonyme appelé Maître de Marguerite d'Orléans, formé probablement à Paris, emprunte aussi bien au Maître de Boucicaut qu'aux frères Limbourg. Il exprime cependant son génie personnel dans les marges pleines de verve et de fantaisie.

Les Heures de Louis de Savoie, XVe siècle :
Le manuscrit a subi maintes tribulations : des miniatures ont disparu et les écus de Savoie peints dans les encadrements ont été effacés. Mais on sait avec certitude que le prince en prière devant la Trinité est Louis de Savoie qui épousa Anne de Chypre en 1434. Des indices l'indiquent, notamment la place particulière donnée à sainte Anne et saint Louis. Deux maîtres savoyards ont illustré ce livre d'Heures remarquable tant par la qualité des miniatures que par leur quantité : 45 grandes miniatures, 47 initiales historiées et 72 médaillons dans le calendrier.

Homme sauvage :
l'image que les Européens au Moyen Âge avaient des peuples des autres continents était bien incertaine (p. 101, *Sainte Anne et les trois Marie*).
Quatre seigneurs déguisés en hommes sauvages furent brûlés vifs lors d'un bal en 1393. Le feu avait pris à leurs vêtements d'étoupe. Le roi Charles VI fut sauvé grâce à la duchesse de Berry qui l'enveloppa de sa robe. Cette tragédie est connue sous le nom de *Bal des Ardents.*

IHS :
en latin, initiales des mots « *Iesus, hominum salvator* » « Jésus, sauveur des hommes » (p. 69, *Pietà*).

Initiale historiée :
initiale dont l'intérieur est décoré d'une petite scène avec des personnages (p. 49, *Les noces de Cana* ; p. 61, *Jésus devant Pilate* ; p. 75, *Le baptême de Jésus* ; p. 79, *Jeanne de Navarre en prière* ; p. 87, *L'office des morts* ; p. 115, *Saint Christophe*).

INRI :
en latin, initiales des mots « *Iesus Nazaremus Rex Judoerum* » « Jésus de Nazareth, roi des Juifs », écrits par Pilate, et placés sur la croix du Christ .

Jacquemart de Hesdin :
voir *Petites* et *Grandes Heures du duc de Berry.*

Juda :
l'une des tribus d'Israël. Le lion symbolise sa force. On dit du roi David qu'il est « fils de Juda », et de Jésus qu'il est « issu de Juda ».

Le Noir (Jean) :
voir *Petites Heures du duc de Berry.*

Limbourg :
voir *Petites Heures* et *Très Riches Heures du duc de Berry.*

Litanie :
longue suite d'invocations suivies d'une courte prière reprise par les fidèles.

Livre d'Heures :
livre de dévotion privée, il tire son nom des heures dites canoniales, c'est-à-dire fixées par l'Église pour réciter les prières. Ces heures correspondent aux divisions du temps des Romains : Matines et Laudes avant le lever du soleil, Prime à son lever, Tierce à neuf heures, Sexte à midi, None à trois heures, Vêpres au coucher du soleil, Complies à la nuit.

Maître de Boucicaut :
voir *Heures du maréchal de Boucicaut.*

Maître de Rohan :
voir *Grandes Heures de Rohan.*

Médaillon :
petite miniature de forme ronde (p. 111, *Sainte Marguerite gardant ses moutons*).

MINIATURE :
petite image peinte sur le manuscrit. Si l'image remplit toute la page, on parle de miniature en pleine page (p. 14, *Le mois d'avril* ; p. 16, *Le mois de juillet* ; p. 18, *Le mois d'octobre* ; p. 20, *Le mois de décembre*, etc.). Si la page comporte plusieurs miniatures, on appelle la plus grande « miniature principale » (p. 111, *Sainte Marguerite*).

NAVARRE (JEANNE DE) :
voir *Heures de Jeanne de Navarre.*

NIMBE :
disque, d'or le plus souvent, ou zone lumineuse qui entoure la tête des saints.

OBSECRO TE :
prière à la Vierge, la plus importante du livre d'Heures. Elle aurait été composée par saint Augustin le jour même de sa mort. On la récitait pour connaître le jour et l'heure de son trépas et pour demander à la Vierge de la voir sur son lit de mort. Selon les croyances superstitieuses de l'époque, on ne pouvait périr ni par le poison, ni par l'eau, ni par le feu le jour où on l'avait récitée (p. 12, *Jeune femme en prière* ; p. 31, *Marguerite d'Orléans en prière* ; p. 53, *Donatrice en prière* ; p. 85, *Donateur devant la Madone*).

O INTEMERATA :
premiers mots de la prière du XIIe siècle, d'origine française, faite à la Vierge et à saint Jean. Elle apparaît dans de nombreux livres d'Heures. Elle peut aussi s'adresser uniquement à la Vierge. Parfois, les deux formes se succèdent dans le même livre (p. 55, *La Vierge allaitant*).

OSTENSOIR :
pièce d'orfèvrerie où le prêtre dépose l'hostie consacrée entre deux médaillons de verre et l'expose ainsi à l'adoration des fidèles (p. 111, *Sainte Marguerite*).

PHYLACTÈRE :
banderole. On écrit dessus un message qui correspond au sujet de la miniature (par exemple, p. 113, *Saint Martin*, des éloges à saint Martin sont inscrits sur les phylactères).

PUCELLE (JEAN) :
voir *Heures de Jeanne de Navarre.*

REGISTRE INFÉRIEUR :
la miniature est « inscrite au registre inférieur » quand elle est située en bas de la page (p. 71, *Christ de Pitié* ; p. 75, *Le baptême de Jésus* ; p. 87, *L'office des morts*).

RINCEAU :
décoration faite de tiges fleuries qui s'enroulent dans les marges des miniatures.

SUFFRAGES DES SAINTS
prières que l'on récite en l'honneur des saints pour demander leur intercession.

USAGE :
l'expression *Heures à l'usage de Troyes*, *Heures à l'usage de Metz*, etc., signifie que les prières du manuscrit sont empruntées à celles dans les églises et monastères du diocèse de Troyes, de Metz, etc.
Les commanditaires choisissent souvent leur diocèse, mais beaucoup établissent leurs *Heures* à l'usage de Rome.

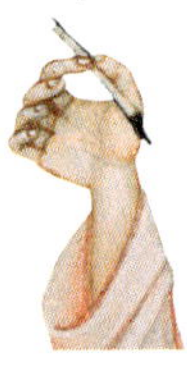

Références

Page 12
Jeune femme en prière
Heures à l'usage de Poitiers, v. 1455-1460
Paris, BnF, NAL 3191 fol. 142v

Page 14
Le mois d'avril
Heures à l'usage de Rome, v. 1500
Paris, BnF, NAL 3116, fol. 4v

Page 16
Le mois de juillet
Heures de Louis de Laval, v. 1480
Paris, BnF, Ms. Latin 920, fol. 11

Page 18
Le mois d'octobre
Très Riches Heures du duc de Berry, v. 1440
Chantilly, musée Condé, Ms. 65

Page 20
Le mois de décembre
Heures de Louis de Laval, v. 1480
Paris, BnF, Ms. Latin 920, fol. 17

Page 23
Jean l'évangéliste
Livre d'Heures et missel franciscain, v. 1380
Paris, BnF, Ms. Latin 757, fol. 216v

Page 25
Luc l'évangéliste
Heures de Louis de Laval, v. 1480
Paris, BnF, Ms. Latin 920, fol. 32v

Page 27
Matthieu l'évangéliste
Heures de Rivoire, v. 1465-1470
Paris, BnF, NAL 3114, fol. 19

Page 29
Marc l'évangéliste
Heures de Louis de Laval, v. 1480
Paris, BnF, Ms. Latin 920, fol. 37v

Page 30
Bénédiction des pèlerins, extrait de *Les saints de tous les jours*
Éditions Robert Morel, Le Club du Livre chrétien, 1957-1962

Page 31
Marguerite d'Orléans en prière devant la Madone
Les Heures de Marguerite d'Orléans, v. 1430
Paris, BnF, Ms. Latin 1156B, fol. 25

Page 33
L'Annonciation
Heures à l'usage de Paris, v. 1440-1460
Paris, BnF, Ms. Latin Rothschild 2534, fol. 31

Page 35
La Visitation
Petites Heures du duc de Berry, v. 1385
Paris, BnF, Ms. Latin 18014, fol. 32v

Page 37
La Nativité
Heures du maréchal de Boucicaut, v. 1405-1408
Paris, Institut de France-musée Jacquemart-André, Ms. 2, fol. 73v

Page 39
Le bain de l'Enfant
Heures à l'usage de Troyes, v. 1400
Paris, BnF, Ms. Latin 924, fol. 80

Page 41
L'annonce faite aux bergers
Heures du maréchal de Boucicaut, v. 1405-1408
Paris, Institut de France-musée Jacquemart-André, Ms. 2 fol. 79 v

Page 43
L'Épiphanie
Heures à l'usage de Troyes, v. 1400
Paris, BnF, Ms. Latin 924, fol. 86

Page 45
Le cantique de Syméon
Heures de Rivoire, v. 1465-1470
Paris, BnF, NAL 3114, fol. 75 v

Page 47
La fuite en Égypte
Heures à l'usage de Rome, v. 1500
Paris, BnF, NAL 3116 fol. 45 v

Page 49
Les noces de Cana
Grandes Heures du duc de Berry, 1409
Paris, BnF, Ms. Latin. 919, fol. 41

Page 51 et couverture
Le couronnement de la Vierge
Heures à l'usage de Paris, XVe siècle
Paris, BnF, Ms. Latin 1366, fol. 66

Page 53
Donatrice en prière
Heures dites de Baudricourt, v. 1470
Paris, BnF, NAL 3187, fol. 8

Page 54
Prière à la Vierge
début du XVe siècle
Paris, BnF, Ms. Latin 1161, fol. 290

Page 55
La Vierge allaitant
Grandes Heures de Rohan, XVe siècle
Paris, BnF, Ms. Latin 9471, fol. 33v

Page 56
Paroles de Marguerite de Valois
Paris, BnF, Ms. Latin 392, fol. 29v

Page 57
La messe de saint Grégoire
Heures du maréchal de Boucicaut, v. 1477
Paris, Institut de France-musée Jacquemart-André, Ms. 2, fol. 241

Page 59
Au mont des Oliviers
Heures de Louis de Laval, v. 1480
Paris, BnF, Ms. Latin 920, fol. 94

Page 61
Jésus devant Pilate
Heures à l'usage de Metz ou Heures d'Isabeau de Bavière, deuxième moitié du XIVe siècle
Paris, BnF, Ms. Latin 1403, fol. 40

Page 63
Le Christ frappé au visage
Heures de Jeanne de Navarre, v. 1340
Paris, BnF, Ms. NAL 3145, fol. 110

Page 65
La crucifixion
Grandes Heures de Rohan, XVe siècle
Paris, BnF, Ms. Latin 9471, fol. 27

Page 67
La résurrection
Heures à l'usage de Paris, v. 1440-1460
Paris, BnF, Ms. Latin Rothschild 2534, fol. 20v

Page 69
Pietà
Heures de Marguerite d'Orléans, v. 1430
Paris, BnF, Ms. Latin 1156 B, fol. 23

Page 71
Christ de Pitié
Très Belles Heures de Notre Dame de Jean de Berry, ap. 1404
Paris, BnF, NAL 3093, fol. 155

Page 73
La colombe du Saint-Esprit
Livre d'Heures et missel franciscain, v. 1380
Paris, BnF, Ms. Latin 757, fol. 241v

Page 75
Le baptême de Jésus
Très Belles Heures de Notre Dame de Jean de Berry, ap. 1404
Paris, BnF, NAL 3093, fol. 162

Page 77
Le Christ aux limbes
Grandes Heures de Rohan, v. 1430-1435
Paris, BnF, Ms. Latin 9471, fol. 76

Page 79
Jeanne de Navarre en prière
Heures de Jeanne de Navarre, v. 1340
Paris, BnF, NAL 3145, fol. 122v

Page 81
La Trinité
Petites Heures du duc de Berry, v. 1385
Paris, BnF, Ms. Latin 18014, fol. 70

Page 83
La Trinité : Dieu le Père accueillant le Christ en croix
Heures du maréchal de Boucicaut, v. 1405-1408
Paris, Institut de France-musée Jacquemart-André, Ms. 2, fol. 118v

Page 85
Donateur devant la Madone
Heures de Rivoire, v. 1465-1470
Paris, BnF, NAL 3114, fol. 20v

Page 87
L'office des morts
Très Belles Heures de Notre Dame de Jean de Berry, ap. 1404
Paris, BnF, NAL 3093, fol. 104

Page 89
L'inhumation
Heures à l'usage de Paris, début du XVe siècle
Paris, BnF, Ms. Latin 1161, fol. 212

Page 91
Job sur son fumier ridiculisé par ses amis
Jean Fouquet, *Heures d'Étienne Chevalier*, v. 1455
Chantilly, musée Condé, Ms. Français 71, fol. 26

Page 93
Louis de Laval en prière
Heures de Louis de Laval, v. 1480
Paris, BnF, Ms. Latin 920, fol. 51

Page 95
La naissance de Jean-Baptiste
Livre d'Heures et missel franciscain, v. 1380
Paris, BnF, Ms. Latin 757, fol. 337v

Page 97
La danse de Salomé
Vêpres des Heures de saint Jean-Baptiste
Petites Heures du duc de Berry, v. 1385
Paris, BnF, Ms. Latin 18014, fol. 212v

Page 99
Dame devant la Madone
Heures à l'usage de Paris, début du XVe siècle
Paris, BnF, Ms. Latin 1161, fol. 290

Page 100
Prière catalane pour devenir mère
Les Saints de tous les jours,
Éditions Robert Morel, Le Club du Livre chrétien 1957-1962, vol VII, p. 256

Page 101
Sainte Anne et les trois Marie
Jean Fouquet, *Heures d'Étienne Chevalier*, v. 1455
Paris, BnF, NAL 1416, fol. 1v

Page 103
Saint Jean-Baptiste
Jean Fouquet, *Heures d'Étienne Chevalier*, v. 1455
Chantilly, musée Condé, Ms. Français 71

Page 104
Oraison de Saint Louis à l'approche de sa mort
Jean, sire de Joinville, *Le livre des saintes paroles et des bons faits de notre saint roi Louis*, 1309

Page 105
Saint Jacques le Majeur
Heures du maréchal de Boucicaut, v. 1405-1408
Paris, Institut de France-musée Jacquemart-André, Ms. 2, fol. 18v

Page 107
Saint Antoine le Grand
Heures de Louis de Laval, v. 1480
Paris, BnF, Ms. Latin 920, fol. 282

Page 109
Saint Léonard
Heures du maréchal de Boucicaut, v. 1405-1408
Paris, Institut de France-musée Jacquemart-André, Ms. 2, fol. 9v

Page 111
Sainte Marguerite
Heures à l'usage de Nantes ou Heures de Pierre II duc de Bretagne, v. 1455-1457
Paris, BnF, Ms. Latin 1159, fol. 154v

Page 113
Saint Martin
Jean Fouquet, *Les Heures d'Étienne Chevalier*, v. 1455
Paris, musée du Louvre, département des arts graphiques

Page 115
Saint Christophe
Heures à l'usage de Paris, v. 1440-1460
Paris, BnF, Ms. Latin Rothschild 2534, fol. 211

Page 117
Sainte Claire
Heures à l'usage de Rome ou Heures de Louis de Savoie, milieu ou deuxième moitié du XVe siècle
Paris, BnF, Ms. Latin 9473, fol. 186v

Page 119
Saint Paul
Jean Fouquet, *Heures d'Étienne Chevalier*, v. 1455
Chantilly, musée Condé, Ms. Français 71

Page 120
La Nativité
Heures de Charles de France, v. 1465
Paris, bibliothèque Mazarine, Ms. 473, fol. 85v

Bibliographie

AVRIL François et Nicole REYNAUD, *Les manuscrits à peintures en France 1440-1520*, Paris, 1993, 1995.

AVRIL François, *L'enluminure gothique 1200-1420*, Paris, 1995.

AVRIL François et Colette BEAUNE, *Les manuscrits des rois de France*, Paris, 1997.

BAZIN Germain, *Jean Fouquet*, Genève, 1942.

BAZIN Germain, *Jean Fouquet : le livre d'Étienne Chevalier*, Paris, 1990.

BOESPFLUG François et Eberhard KÖNIG, *Les Très Belles Heures du duc de Berry*, Paris, 1998.

CAZELLES Raymond, *Les Très Riches Heures du duc de Berry (préface d'Umberto Eco)*, Paris, 1988.

CHANCEL-BARDELOT Béatrice (de), *Les Larmes de la Vierge* (catalogue d'exposition), Bourges, 2000.

CHATELET Albert, *L'âge d'or du manuscrit à peintures en France au temps de Charles VI et les Heures de maréchal de Boucicaut*, Dijon, 2000.

DUFOURNET Jean, *Les Très Riches Heures du duc de Berry*, Paris, 1995.

DURRIEU Paul (comte de), *Les Très Riches Heures de Jean de France, duc de Berry*, Paris, 1904.

FOCILLON Henri, *Art d'occident : le Moyen Âge roman et gothique*, Paris, 1983.

GAUTIER Léon, *Choix de prières des manuscrits du XIIe au XVIe siècle*, Paris, 1861.

HARTHAN John Plant, *Books of Hours and their owners*, Londres, 1976.

HARTHAN John Plant, *L'âge d'or des livres d'Heures*, Paris, Bruxelles, 1977.

KÖNIG Eberhard, *Les Heures de Marguerite d'Orléans*, Paris, 1991.

KÖNIG Eberhard, *Die Très Belles Heures de Notre Dame des Herzogs von Berry*, Lucerne, 1992.

LEROQUAIS Victor (chanoine), *Les livres d'Heures manuscrits de la Bibliothèque nationale*, Paris, 3 vol. 1927, supp. 1943.

MÂLE Émile, *Les Grandes Heures de Rohan*, Genève, 1947.

MÂLE Émile, *L'art religieux de la fin du Moyen Âge en France*, Paris, 5e édition, 1949.

MEISS Millard et Marcel THOMAS, *Les Heures de Rohan*, Paris,1973.

MEISS Millard, *French Painting in the Time of Jean de Berry. The Limbourg and their contemporaries*, Londres-New York, 1974.

MEISS Millard, *Les Belles Heures du duc de Berry*, fac similé, New York, 1975.

PASTOUREAU Michel, *Figures et couleurs. Étude sur la symbolique et la sensibilité médiévales*, Paris, 1986.

PLUMMER J. et G. CLARK, *The Last Flowering French Painting in Manuscripts 1420-1530* (catalogue d'exposition), New York, 1982.

PORCHER Jean, *Les Grandes Heures de Rohan,* Genève, 1943.

PORCHER Jean, *Les manuscrits à peintures en France du* XIII*e* *au* XVI*e* *siècle* (catalogue d'exposition), Paris, 1955.

PORCHER Jean, *L'enluminure française*, Paris, 1959.

PORCHER Jean, *Les fastes du Gothique* (catalogue d'exposition), Paris, 1981.

REYNAUD Nicole, *Jean Fouquet* (musée du Louvre, dossiers du département des peintures, n° 22), Paris, 1981.

SCHAEFER Claude, *Fouquet, les Heures d'Étienne Chevalier*, Göttingen, 1994.

STERLING Charles, *Les Heures d'Étienne Chevalier*, Paris, 1971.

STERLING Charles, *La peinture médiévale à Paris 1350-1500*, volume I, Paris, 1987.

STERLING Charles, *La peinture médiévale à Paris 1350-1500*, volume II, Paris, 1990.

THOMAS Marcel, *Les Grandes Heures de Jean de France, duc de Berry*, Paris, 1971.

WIECK Roger, *Time Sanctified. The Book of Hours in medieval Art and Life*, New York, 1988.

WIECK Roger, *Late medieval and Renaissance illuminated Manuscripts 1350-1525 in the Houghton Library*, Cambridge, 1983.

Remerciements

L'auteur et l'éditeur remercient vivement
Madame Marie-Pierre Laffitte, *conservateur général du département des manuscrits occidentaux de la Bibliothèque nationale de France, à Paris.*
Madame Jacqueline Labaste, *conservateur en chef à la bibliothèque Mazarine, à Paris.*
Monsieur Nicolas Sainte Fare Garnot, *conservateur du musée Jacquemart-André, à Paris.*
Madame Emmanuelle Toulet, *conservateur en chef de la bibliothèque du musée Condé, à Chantilly.*
L'auteur exprime sa profonde gratitude à
Claude, Françoise Romaine, Hélène et Jacques.

Crédits photographiques

En couverture, *Le couronnement de la Vierge (détail),*
photo BnF, Paris.

Toutes les photographies des miniatures, choisies et réunies par l'auteur, proviennent de la Bibliothèque nationale de France, à l'exception des reproductions suivantes :

p. 19, *Le mois d'octobre ;* p. 91, *Job sur son fumier... ;*
p. 95, *La naissance de Jean-Baptiste ;* p. 119, *Saint Paul,*
Chantilly, musée Condé, photographies AKG, Paris.

p. 37, *La Nativité ;* p. 41, *L'annonce faite aux bergers ;*
p. 57, *La messe de saint Grégoire ;*
p. 83, *La Trinité : Dieu le Père accueillant le Christ en croix ;*
p. 107, *Saint Jacques le Majeur ;* p. 109, *Saint Léonard,*
photographies Institut de France-musée Jacquemart-André, Paris.

p. 113, *Saint Martin,*
Paris, musée du Louvre,
département des arts graphiques, photographie RMN.

p. 120, *La Nativité,*
Paris, bibliothèque Mazarine,
photographie Jean-Loup Charmet, décédé en 2000.
Nous lui rendons hommage.